FENIMORE COOPER

Bord et à Terre

TOME PREMIER

20 CENTIMES

PARIS

A-L. GUYOT, Éditeur

12, Rue Paul Lelong, 12

ALGÉRIE, COLONIES ET ÉTRANGER : 25 CENTIMES

N'ACHETEZ JAMAIS

UN

APPAREIL PHOTOGRAPHIQUE

SANS CONSULTER D'ABORD LE

Catalogue

DE

CHARLES MENDEL

Fournisseur des Ministères

118 & 118 bis, rue d'Assas

PARIS

—

LE DEMANDER

FENIMORE COOPER

A BORD ET A TERRE

—

TOME PREMIER

—

PARIS

A.-L. GUYOT, ÉDITEUR

12, rue Paul-Lelong

A BORD· ET A TERRE[1]

CHAPITRE I

Marbre se fait ermite

Aucun incident ne signala le reste de notre traversée. Nous atteignîmes le lieu de notre destination dix jours après avoir retrouvé Marbre; et le navire ainsi que le schooner rentrèrent sans difficulté dans le bassin. Tout y était exactement dans l'état où nous l'avions laissé deux mois auparavant. Les tentes étaient dressées; chaque objet était à la place où il avait été jeté dans la précipitation du départ. Le bâtiment naufragé était toujours enfoncé sous le roc, et semblait y faire partie inhérente du grand paysage qui l'entourait.

---

[1] Suite des *Aventures d'un Capitaine américain,* même collection.

C'est toujours un soulagement de sortir de la prison d'un bâtiment, ne fût-ce que pour errer au milieu des sables arides d'une plage déserte. A peine les bâtiments furent-ils amarrés, que tout l'équipage, à qui on avait donné un jour de congé, se répandit sur le rivage. Il n'y avait plus d'ennemis à craindre, et chacun s'apprêtait à jouir à sa manière de sa liberté. Les uns préparaient des lignes et commençaient à pêcher ; d'autres tendaient des seines ; les moins diligents cherchaient des noix de coco ou s'amusaient à ramasser des coquillages, qui étaient en grand nombre et d'une beauté remarquable. Je chargeai quelques matelots de m'en faire une collection pour Clawbonny en les indemnisant de leurs peines, et je conserve encore ces souvenirs de mes premières aventures.

Emilie et sa femme de chambre prirent possession de leur ancienne tente, où je fis porter tout ce qui pouvait leur être nécessaire. J'avais chargé Neb de veiller particulièrement à ce qu'il ne manquât rien aux Mertons, et de se mettre à leur disposition. A huit heures il vint nous présenter les compliments du major, et inviter de sa part le *capitaine* Wallingford et le *capitaine* Marbre à déjeûner.

— Vous voyez, Miles, dit mon compagnon, après avoir répondu qu'il allait se rendre à l'invitation, grâce à l'arrangement que je vous ai proposé pour le schooner, nous voici tous deux capitaines pour le moment. Le capitaine Marbre et le capitaine Wallingford !

— Mais, quand deux capitaines sont ensemble, c'est le plus âgé qui commande. C'est le *commodore* Marbre que nous devons vous appeler.

— Pas de plaisanteries, Miles, répondit Marbre avec un grand sérieux. C'est grâce à vous, par suite, je l'espère, de la bonne opinion que vous avez de moi, que je commande ce petit schooner moitié français, moitié américain. C'est mon second et, je crois, mon dernier commandement. Depuis dix jours je me suis mis à généraliser en grand sur ma vie, et j'en suis venu à cette conclusion que le Seigneur m'a créé pour être votre second, et non vous pour être le mien. Quand la nature a des vues particulières sur quelqu'un, elle ne le jette pas, comme moi, à la dérive parmi les hommes.

— Je ne vous comprends pas, monsieur Marbre. Si je connaissais votre histoire, peut-être tout s'expliquerait-il.

— Miles, voulez-vous me faire un plaisir ? il ne vous en coûtera pas beaucoup, et vous m'obligerez sensiblement.

— Dites, monsieur ; vous n'avez qu'à commander.

— Eh bien ! qu'il ne soit plus question de « monsieur » entre nous, ce n'est plus convenable. Appelez-moi Marbre ou Moïse, comme moi je vous appelle Miles.

— Soit, mon cher Marbre ; mais voilà deux ans que vous me promettez votre histoire, soit dit en passant.

— Elle peut être racontée en peu de mots, et elle ne vous sera pas inutile. La vie d'un homme, convenablement généralisée, vaut pour le moins tout autant que la plupart des sermons ; elle est pleine de ce que j'appelle la morale des idées. Vous savez sans doute à qui je dois mes noms ?

— Mais vraisemblablement à vos parrain et marraine, comme nous tous, je suppose.

— Vous êtes cette fois plus près de la vérité que vous ne pensez, mon garçon. Je n'avais qu'une semaine, m'a-t-on dit, quand un beau matin on me trouva dans un panier au milieu de l'atelier d'un marbrier, sur une pierre qu'on taillait pour un tombeau ; je présume qu'on avait choisi cette place pour que les ouvriers ne pussent manquer de me trouver, quand ils se mettraient à l'ouvrage. C'était sur le bord même de la Rivière, dans la ville d'York.

— Et voilà tout ce que vous savez de votre origine ?

— Et je ne désire pas en savoir davantage.

Pourquoi voudrais-je connaître des parents qui me renient? Vous, Miles, vous avez connu, vous avez aimé votre mère?

— Si je l'ai aimée! jusqu'à l'adoration, mon cher Marbre, si jamais personne en fut digne sur la terre !

— Oui, oui, c'est un sentiment que je puis comprendre, reprit Marbre d'un air triste et pensif. Ce doit être une grande consolation d'aimer et de respecter une mère. N'importe, en appareillant je suis entré tout d'abord dans un de ces courants infernaux du pauvre capitaine Robbins, et depuis ce moment je n'ai pas cessé d'être ballotté au gré du vent. On n'avait pas même eu la pudeur de griffonner un nom sur un chiffon de papier et de l'attacher sur le panier; il eût suffi d'ouvrir le premier roman pour en trouver un ; mais non, on m'a jeté sur cette pierre tumulaire, en m'isolant de tout ce qui pouvait me rattacher à l'humanité, et en me laissant généraliser sur la vie tant que je voudrais !

— Et le tailleur de pierres vous trouva le lendemain matin?

— Vous parlez comme un oracle. Voyant le panier dans lequel il avait apporté son dîner la veille, et qu'il avait oublié d'emporter, il le secoua pour en faire tomber les restes, et je roulai sur la pierre froide.

— Pauvre enfant ! et que fit-on de vous ?

— On m'envoya à la Maison de Charité, les tailleurs de pierre ayant naturellement le cœur dur, à ce que je suppose. Sans doute mon père faisait aussi ce métier-là, à en juger par sa conduite. Quoiqu'il en soit, je fus inscrit sur les registres sous le n° 19 ; ce fut le nom que je portai pendant huit jours ; au bout de ce temps, je devins Moïse Marbre.

— Singulier choix que firent là vos parrains !

— Comment donc ? Moïse, m'a-t-on dit, est tiré de l'Ecriture ; il y est question de quelqu'un de ce nom, qui fut jeté comme moi à la dérive.

— Etes-vous resté longtemps dans la Maison de Charité, et à quel âge a commencé votre carrière de marin ?

— A huit ans, je levai l'ancre et je dis adieu à la maison hospitalière. A cette époque, notre pays appartenait aux Anglais, ou du moins il était traité comme s'il leur eût appartenu ; mais j'étais né sujet de l'Angleterre ; et comme aujourd'hui j'ai juste quarante ans, vous comprenez que je me suis embarqué pour la première fois plusieurs années avant la révolution.

— Très-bien. Vous avez dû servir pendant cette guerre, dans l'un ou dans l'autre parti ?

— Dites dans tous les deux, et vous ne vous tromperez pas. En 1775, j'étais gabier de misaine à bord du vaisseau *le Romeny* de cinquante canons ; puis ensuite je passai à bord du *Carnatic* de soixante-quatorze. Puis, je pris du service sur un de nos sloops, et je m'escrimai à régler mes comptes avec mes anciens maîtres. Je fus fait prisonnier pour mes peines, et je manquai d'avoir le cou allongé, parce qu'on prétendait que j'étais Anglais. « Prouvez-le, leur disais-je, prouvez seulement où je suis né, et après, vous ferez de moi ce que vous voudrez ». J'étais prêt à me laisser pendre pour savoir où j'étais né, car il y avait des fois où je pensais n'être pas né du tout.

— Vous êtes Américain, Marbre, sans contredit, et de l'île de Manhattan.

— Mais, comme il est peu probable qu'on aille importer un enfant de huit jours pour le planter sur une pierre tumulaire, je suis assez porté à le croire. Quoi qu'il en soit, après la guerre, quand je fus sorti de prison, — c'était peu de temps après votre naissance, capitaine Wallingford, — je me mis régulièrement à la besogne, et depuis lors j'ai toujours servi comme officier à bord de quelque bâtiment de commerce.

— Et pendant tout ce temps, mon bon ami, vous avez toujours vécu seul dans le monde, sans parents ?

— Complètement seul. Combien de fois, en me promenant dans les rues de New-York, ne me suis-je pas dit : « dans toute cette foule, il n'y a personne qui me soit quelque chose. Mon sang ne coule dans les veines d'aucun autre homme ! »

Ces mots furent prononcés avec un sentiment de tristesse et d'amertume qui me surprit. Ce n'était pas de Marbre que j'aurais attendu ce langage. J'étais jeune alors ; mais, depuis, l'expérience m'a fait connaître combien l'apparence est souvent trompeuse, combien de souffrances réelles se cachent souvent sous un sourire, et combien de sensibilité vraie sous une apparente indifférence.

— Nous sommes tous de la même famille, mon bon ami, répondis-je dans une bonne intention, quoique séparés plus ou moins par les circonstances.

— Que parlez-vous de famille? ma famille, c'est moi seul ; je n'en aurai jamais d'autre.

— Convenez que c'est un peu votre faute : pourquoi ne pas vous être marié ?

— Parce que mes parents ne m'en ont pas donné l'exemple, répondit Marbre avec une sorte de rudesse.

Puis me frappant légèrement sur l'épaule, comme pour adoucir l'aigreur de sa repartie, il ajouta en changeant de ton :

— Mais allons, Miles, le major et sa fille nous

attendent pour déjeuner, et nous ferons mieux d'aller les rejoindre. A propos de mariage, voilà une femme toute trouvée pour vous, mon garçon.

— En êtes-vous bien sûr, Marbre, répondis-je pendant que nous nous dirigions vers la tente. D'abord, le major Merton pourrait bien ne pas se soucier de marier sa fille à un Yankee.

— Oui, à un Yankee tel que moi ; mais vous, c'est bien différent.

Je fis en riant une réponse évasive, et, comme nous étions tout près de la tente, il fallut changer de conversation.

Nous reçûmes l'accueil le plus amical. Toutes les fois que Marbre m'accompagnait, le major ne manquait pas de rappeler de quelle manière notre connaissance s'était formée. Son jardin fit en partie les frais du déjeuner ; il s'y trouvait encore quelques légumes ; et quatre poules laissées dans l'île, dans la précipitation de son départ, avaient commencé à pondre, de sorte que nous eûmes le régal, si rare pour un marin, de manger des œufs frais.

— Emilie et moi, nous nous regardons ici comme de vieux habitants, dit le major en jetant les yeux autour de lui, — la table avait été mise en plein air, sous un bouquet d'arbres ; — et je me résignerais sans peine à passer dans cette île le reste de mes jours, si ce n'était ma chère enfant qui pourrait trouver la société de son vieux père un peu monotone à son âge.

— Eh bien, major, vous n'avez qu'à parler, et il n'est pas un de nos officiers qui ne se fît un plaisir de lui tenir compagnie. Il y a d'abord M. Talcott, charmant garçon, bien élevé et du meilleur ton ; et puis, nous avons le capitaine Wallingford. Celui-là, je réponds de lui. Il laisserait là Clawbonny et toutes ses dépendances, bien qu'il soit le quatrième de son nom, pour être le roi ou le prince de Galles de cette île, en pareille société.

Ce n'était pas moi, c'était Marbre qui parlait ; et pourtant j'aurais voulu de grand cœur qu'il n'eût rien dit. Je ne savais quelle contenance faire, et je plaignais Emilie, qui devait être encore plus embarrassée que moi. Le major et Marbre n'en continuèrent pas moins leur conversation, comme si de rien n'était.

— Sans doute, sans doute, reprit le premier, le romanesque plaît toujours aux jeunes gens, et il paraît même qu'ici les têtes grisonnantes n'en sont pas à l'abri. Savez-vous, messieurs, que, du premier moment où j'ai mis le pied dans cette île, j'ai désiré vivement d'y finir mes jours? Ce n'est pas une idée en l'air que j'exprimais tout à l'heure.

— Je suis heureuse néanmoins, cher père, dit Emilie en riant, que le désir n'ait pas été assez vif pour amener une proposition formelle.

— C'est vous qui êtes le grand obstacle ; car que faire ici d'une fille maussade, dont l'imagination serait toujours à courir les bals et les théâtres ?

— Et qu'y feriez-vous vous-même, major, sans compagnons, sans livres, sans occupations ?

— Ce qu'un homme sage doit faire, Miles : réfléchir sur le passé. Et puis Emilie n'a-t-elle pas sa bibliothèque, et avec des livres j'aurais des compagnons. Pour de l'occupation, je n'en manquerais pas. Songez donc que j'aurais tout à créer ici, et quel plaisir de jouir du fruit de ses travaux ! Oh ! je serais ici comme un prince.

— Oui, major, vous seriez à vous seul le capitaine et tout l'équipage ; mais je crois que vous seriez bientôt las du gouvernement, et que vous ne tarderiez pas à abdiquer.

— Peut-être, Miles ; et pourtant c'est une idée qui me sourit, qui me sourirait encore plus sans ma fille. J'ai très peu de parents, et ce qui est assez bizarre, c'est que les plus proches que j'ai sont de votre pays, messieurs. Ma mère était de Boston, où mon père, qui était négociant, l'épousa ; et il s'en est fallu de très peu que moi-même je ne fusse Yankee, car je ne suis né

que huit jours après l'arrivée de mes parents en
Angleterre. Du côté de mon père, je me connais
à peine cinq parents, et encore assez éloignés ;
du côté de ma mère, tous sont des étrangers
pour moi. Jamais non plus je n'ai possédé un
seul pied de cette terre où nous vivons.

— Ni moi, interrompit Marbre avec chaleur.

— Mon père était le cadet de la famille ; et en
général les fils cadets en Angleterre ne sont rien
moins que propriétaires. Jamais je ne me suis
trouvé en position d'acquérir même l'espace de
terre suffisant pour me faire enterrer ; tandis
qu'ici, voyez-vous, voilà un domaine tout entier
qu'il n'y a qu'à se baisser pour posséder. Combien pensez-vous qu'il puisse y avoir d'acres de
terre dans cette île, messieurs ; j'entends de
terre qu'on puisse cultiver, abstraction faite des
falaises, des sables et des rochers ?

— En comparant à la ferme de Clawbonny,
répondis-je, je dirai six à huit cents.

— Eh bien, c'est encore assez pour faire un
joli domaine. Mais je vois qu'Emilie prend l'a-
larme, et qu'elle tremble déjà de devenir l'héritière de possessions aussi étendues. Ainsi n'en
parlons plus.

Le déjeuner était fini ; le major se leva de table, et alla faire un tour de promenade avec
Marbre dans la direction du bâtiment naufragé.

J'engageai Emilie à mettre son chapeau, et nous allâmes aussi faire une petite excursion de notre côté.

— Mon père a eu là une singulière idée, dit-elle après un moment de réflexion ; savez-vous que ce n'est pas la première fois qu'il en parle ? Quand nous étions ici auparavant, il y revenait tous les jours.

— Ce projet serait bon pour de tendres amants, répondis-je en riant ; mais il s'expliquerait moins de la part d'un père et de sa fille. Je puis concevoir à la rigueur que deux jeunes gens, vivement attachés l'un à l'autre, passent une ou deux années dans une pareille solitude sans en finir avec la vie ; mais je doute qu'ils allassent beaucoup plus loin, et je crois qu'ils s'empresseraient de construire un canot pour s'éloigner.

— Vous n'êtes point romanesque, à ce que je vois, monsieur Wallingford, reprit Emilie d'un ton qui sentait le reproche ; j'avoue que, pour moi, je pourrais être heureuse partout, ici comme à Londres, entourée de mes plus chers amis.

— Ah ! c'est bien différent. Formons ici une petite colonie composée de votre père et de vous, de l'honnête Marbre, du bon M. Hardinge, de Rupert, de ma chère Grace et de Lucie, et vous me trouverez tout résigné à mon sort.

— Et quelles sont ces personnes que vous aimez si tendrement, monsieur Wallingford, que leur présence vous ferait paraître charmante une île déserte?

— En premier lieu, le major Merton est un officier en retraite au service de l'Angleterre, qui a été nommé à des fonctions civiles dans l'Inde. C'est un homme qui peut avoir cinquante ans, plein d'amabilité et d'instruction, qui ferait un excellent lord-chancelier. Il a une fille qui...

— Passons; j'en sais plus sur elle et sur ses mauvaises qualités que vous-même. Mais qu'est-ce que cette Grace si chère?

— C'est ma sœur, mademoiselle, ma sœur unique. Quant à M. Hardinge, c'est mon tuteur, et Rupert et Lucie sont ses enfants. Mon tuteur est ministre, et ce serait un personnage important dans notre colonie. Il nous aiderait à observer convenablement le dimanche, et puis il pourrait célébrer les mariages au besoin.

Cette plaisanterie, dont Lucie, l'honnête et chère enfant, eût ri toute la première, quoique peut-être en rougissant un peu, fut prise plus au sérieux par miss Merton, qui affecta de changer brusquement de sujet, et qui mit la conversation sur la santé de son père. Une fois sur ce terrain, elle se montra naturelle et pleine d'affection. Il lui tardait de voir le major sortir des latitudes chaudes. Il avait contracté dans les Indes occidentales une maladie de foie, dont il s'était cru guéri, autrement il n'eût jamais accepté un emploi à Bombay ; mais il était à craindre que ce ne fût une illusion, et elle eût voulu qu'il fût déjà dans un climat froid, ce qui prouvait qu'à ses yeux tout ce qui avait été dit au sujet de l'île n'était qu'une simple plaisanterie.

Je reconduisis ma belle compagne jusqu'à sa tente, après lui avoir promis de presser le départ le plus possible. En quittant Emilie, je rejoignis Marbre, qui se promenait seul dans une allée d'arbres.

— Le major Merton est un homme sensé, me dit-il dès que nous fûmes côte à côte; voilà un philosophe comme je les aime.

— Et que vous a-t-il donc dit de si frappant, mon ami?

— C'est toujours cette diable d'idée qu'il a qui me trotte par la tête, de finir ici le grand voyage, au lieu de suer sang et eau pour monter deux ou trois degrés de plus sur l'échelle de promotion, pour faire ensuite une plus lourde chute.

— Mais le major ne m'a jamais dit qu'il eût éprouvé quelque déception semblable.

— Ce n'est pas du major que je parle, Miles, c'est de moi. Pour tout vous dire, cette idée me sourit, et je suis à peu près décidé à rester ici, quand vous partirez.

Je regardai Marbre avec étonnement. Il était évident qu'il ne plaisantait pas ; il avait pris au sérieux les châteaux en Espagne du major.

Déjà j'avais remarqué l'attention profonde avec laquelle il l'écoutait pendant le déjeuner, et la vivacité avec laquelle il s'était exprimé lui-même ; mais j'étais loin d'en avoir soupçonné le motif qui était évidemment la mortification qu'il avait éprouvée lorsqu'il venait de prendre à peine le commandement de *la Crisis*.

— Vous n'y avez pas encore assez réfléchi, mon ami, répondis-je d'une manière évasive, sachant qu'il serait inutile de tourner la chose en plaisanterie ; attendez jusqu'à demain, peut-être aurez-vous changé d'avis.

— Je ne crois pas, Miles. Ici se trouve tout ce dont j'ai besoin. Quand vous aurez emporté tout ce que vous jugerez utile pour le service du bâtiment, ou dans l'intérêt des armateurs, il restera encore de quoi nourrir vingt hommes comme moi.

— Ce n'est point la nourriture qui m'inquiète, l'île offre de grandes ressources sous ce rapport ; mais songez à l'affreuse solitude dans laquelle vous vous trouveriez, à cette vie sans but, sans objet, aux chances de maladie, à la mort si cruelle dans un pareil abandon...

— J'y ai réfléchi, et cette existence est de mon goût. Ici, je serai tout à fait dans mon élément, comme un ermite. Je ne dis pas qu'il ne me serait pas agréable d'avoir quelqu'un avec moi, vous, par exemple, ou Talcott, ou le major, ou même Neb; car, pour avoir des compagnons, il faut qu'ils soient bons; autrement il vaut mille fois mieux s'en passer. Ainsi donc je resterai seul. Vous parlerez sans doute de l'île quand vous serez de retour au pays, et peut-être quelque bâtiment touchera-t-il ici de temps en temps par curiosité de voir le vieil ermite; de sorte que j'aurai de vos nouvelles tous les quatre ou cinq ans.

— Merci du ciel! Marbre, vous ne persisterez pas dans un projet aussi insensé!

— Regardez ma position, Miles, et décidez vous-même. Je suis sans amis sur la terre, j'entends sans ami naturel; car je ne doute pas de votre amitié, et me séparer de vous sera la chose la plus pénible de toutes; mais je n'ai pas un parent, pas un coin de terre, personne pour désirer mon retour, pas même une masure pour reposer ma tête. Eh! bien, cette île du moins est à moi, jusqu'à un certain point, puisque je l'ai découverte.

— Et puis après tout, quand j'y réfléchis bien, c'est tout au plus s'il y a de quoi subsister ici, repris-je en affectant un air de doute. Je ne sais si le fruit du cocotier est sain toute l'année, et il doit y avoir des saisons où les arbres ne portent pas de fruits.

— Ne craignez rien. J'ai mon fusil de chasse, et vous me laisserez bien un ou deux mousquets avec quelques munitions. Maintenant que l'île est connue, les bâtiments qui passeront renouvelleront mes provisions. Pour le moment je ne manquerai de rien. Il y a des poules, des porcs en quantité suffisante, et tout cela croît et multiplie. J'ai compté quinze barils de sucre sur le rivage, et il en reste une trentaine à bord du bâtiment naufragé, et tous au-dessus de l'eau. J'ai pour ressource la chasse et la pêche. Je puis planter des légumes, je puis semer du grain; le terain paraît excellent, et tout y viendra comme une bénédiction. J'ai une caisse d'outils qui sont à moi; je suis assez bon charpentier, pas mauvais serrurier. Comment donc! mais il y a des milliers de malheureux dans les grandes villes qui troqueraient de grand cœur leurs rues boueuses et leur pauvreté contre ma solitude et mon abondance.

Je commençai à penser que Marbre n'était pas dans un état d'esprit normal, et je changeai de sujet. La journée se passa à ne rien faire, comme je l'avais décidé. Le lendemain on se mit activement à l'ouvrage. Le cuivre, les marchandises anglaises, les parties de la cargaison française qui pouvaient se vendre aisément aux Etats-Unis, furent transportés à bord du schooner.

Marbre avait annoncé publiquement sa détermination de rester dans l'île, de renoncer à la mer et de se faire ermite. Pour commencer, il abandonna le commandement de *la Polly*, et je fus obligé de le confier à notre troisième lieutenant, officier très capable qui en avait déjà été chargé. A la fin de la semaine, le schooner était prêt, et, désespérant de rien obtenir de Marbre, je donnai l'ordre d'appareiller en recommandant au lieutenant de doubler le cap Horn et d'éviter le détroit de Magellan. J'écrivis aux armateurs le détail de tout ce qui s'était passé, et mes plans pour l'avenir, me bornant à dire que M. Marbre avait cru, par des motifs de délicatesse, devoir résigner ses fonctions, depuis la reprise du bâtiment ; et qu'à l'avenir je serais chargé de leurs intérêts. Le schooner partit avec ces dépêches.

Quant à *la Crisis*, elle était toute prête, et si je différais encore, c'était pour Marbre. J'eus recours à l'influence du major Merton ; mais par malheur, le major s'était tellement prononcé en faveur du projet, quand il n'était qu'à l'état de

simple spéculation, qu'il avait mauvaise grâce à
se réfuter lui-même. Emilie ne fut pas plus heureuse. Il fallait ou employer la force ou céder.
Après une longue consultation avec le major,
ce fut à ce dernier parti que je me résignai.

CHAPITRE II

Je ramène les Mertons

Après avoir épuisé tous les moyens de persuasion, il ne nous restait qu'à faire tous nos efforts
pour adoucir et améliorer la situation dans laquelle Marbre persistait à se mettre. Il n'y avait
pas d'ennemis à craindre, pas de précautions,
par conséquent, à prendre pour sa défense ; nous
réunîmes ce qui restait de planches et d'autres
matériaux au chantier pour lui construire une
cabane qui lui offrît un abri contre les tempêtes
du tropique.

Elle avait douze pieds de large sur quinze à dix-
huit pieds de long ; on y adapta trois fenêtres et
une porte provenant du bâtiment naufragé. La

chaleur du climat rendait une cheminée inutile, mais les Français avaient établi à terre leur cambuse ; on la plaça sous un abri convenable à peu de distance de la cabane, les forces d'un seul homme ne pouvant suffire pour la bouger de place. Nous fîmes aussi, à l'aide de poteaux et de cordages, un enceinte autour d'un terrain de deux acres d'étendue, là où le sol nous parut le meilleur et l'exposition la plus faborable, de manière à mettre les légumes à l'abri des attaques de la basse-cour.

Marbre ne savait pas grand'chose en fait de jardinage ; la terre fut labourée, les graines que nous avions trouvées dans le jardin français, semées de nos propres mains. Je fis apporter du bâtiment naufragé tout ce qui pouvait être de quelque utilité à notre ami. Comme nous étions près de quarante, et que nous ne fîmes pas autre chose pendant plusieurs jours, la besogne alla vite, et tout fut mis en bon ordre dans l'île ; j'y apportais le même intérêt qu'une mère qui prépare le trousseau de son enfant. Marbre était rarement avec nous pendant ce temps ; il se plaignait que nous ne lui laisserions rien à faire, tout en étant touché des soins que nous prenions pour assurer son bien-être.

Nous avions trouvé la chaloupe des Français mouillée sous le vent de l'île, et nous nous en étions servi comme moyen de transport entre le bâtiment et le rivage ; elle était grande, doublée en cuivre, et gréée en lougre. Je m'occupai, — et ce fut mon dernier soin, — de la mettre en état de servir au besoin, si Marbre éprouvait le désir d'abandonner sa solitude et de se diriger vers quelque autre île à travers cette mer paisible.

Marbre m'avait observé avec intérêt pendant que je présidais à ces arrangements. Un soir, — j'avais annoncé l'intention de partir le lendemain matin, et le major était déjà à bord avec sa fille, — il me prit par le bras et m'entraîna à l'écart, comme s'il avait à me parler d'une affaire importante ; il était aisé de voir qu'il était fortement ému ; sa main tremblait, et j'avais quelque espoir qu'il allait m'annoncer quelque changement dans ses projets.

— Dieu vous bénisse, Miles ! Dieu vous bénisse, mon bon ami ! dit-il dès que personne ne put nous entendre ; si je pouvais regretter quelque chose au monde, ce serait un ami tel que vous. Tout ce que je demande à présent, c'est que vous en finissiez avec cette manie de me mâcher toute la besogne ; autrement, vous ne me laisserez rien à faire. Je suis en état d'équiper cette chaloupe tout aussi bien que qui que ce soit, sachez-le bien.

— Je le sais parfaitement, mon bon ami ; mais ce que je sais aussi, c'est que vous ne le feriez pas. J'espère que vous nous suivrez en mer dans cette chaloupe, et que vous viendrez reprendre votre ancienne place à notre tête à bord de *la Crisis*.

Marbre secoua la tête, et il vit sans doute à ma manière que je comptais peu sur un pareil résultat ; nous fîmes quelques pas en silence ; puis, tout à coup, il me dit d'un ton qui prouvait à quel point il était troublé :

— Miles, vous me donnerez de vos nouvelles, n'est-ce pas ?

— De mes nouvelles, et comment ? le service de la malle n'est pas encore établi entre cette île et New-York.

— Je radote, n'est-il pas vrai ? et je perds la mémoire. Que voulez-vous, l'idée m'est échappée. Je sais que lorsque vous serez parti, je serai retranché du reste du monde et que je ne reverrai peut-être jamais une figure humaine ; mais qu'importe !... Allons, tout est prêt, et voici Neb qui vient vous annoncer que le canot vous attend. Je vais faire mon apprentissage et passer ma première nuit seul dans mon île. Demain matin, je suppose que vous aimerez à venir donner une dernière poignée de main à un vieux camarade... Bonne nuit ! mais avant de nous quitter, j'ai à vous remercier de la provision de vêtements que je vois que vous avez fait mettre dans ma cabane. J'en avais à peine besoin ; car j'ai des aiguilles et du fil à monter une boutique de mercier, et la vieille toile laissée par les Français m'assure des vestes et des pantalons pour le reste de mes jours. Bonne nuit, mon cher enfant. Dieu vous bénisse ! Dieu vous bénisse !

Il faisait presque nuit ; mais je pus voir que les yeux de Marbre étaient humides, et je sentis que sa main tremblait encore. Je le quittai, ayant encore un faible espoir que cette nuit de solitude, la première où il serait complètement abandonné à lui-même, pourrait diminuer son désir de se faire ermite. Dès que je fus à bord, j'annonçai que l'équipage devait se rassembler au point du jour, et qu'aussitôt nous lèverions l'ancre.

Talcott vint m'appeler au moment indiqué. Je l'avais nommé premier lieutenant, et j'avais pris un des Philadelphiens pour second officier. C'était un jeune homme qui avait toutes les qualités requises pour l'emploi. Talcott eut ordre de démarrer ; quant à moi, je montai dans un canot et je me rendis à terre, dans l'intention de faire une dernière tentative auprès de Marbre.

La basse-cour était déjà en mouvement et se rassemblait près de la porte de la cabane, où Marbre avait la coutume de lui donner à manger le matin. J'ouvris la porte, j'entrai : il n'y avait personne dans l'intérieur ; Marbre était déjà sorti. Sans doute après avoir passé la nuit sans dormir, il était allé respirer l'air frais du matin. Je le cherchai dans le bois voisin, sur la plage, dans toutes ses promenades ordinaires, mes recherches furent inutiles.

Malgré mon empressement à retourner à bord, j'allais me porter sur un point éloigné de l'île, où je savais que Marbre se rendait quelquefois quand il était enfoncé dans ses rêveries, quand, en jetant par hasard les yeux sur la baie, je ne vis plus la chaloupe française que j'avais fait équiper avec tant de soin pour lui. Je rejoignis aussitôt mon canot et, quelques minutes après, j'étais à bord.

Je procédai immédiatement à un appel général : il ne manquait personne. Il en résultait que Marbre avait fait sortir seul la chaloupe de ce bassin naturel. Les matelots qui avaient été de quart furent questionnés : aucun d'eux n'avait rien vu ni rien entendu. Pendant que M. Talcott continuait ses dispositions, je montai au haut du grand mât de hune, d'où la vue dominait sur toute l'île, à l'exception de quelques taillis, sur la baie et sur une grande partie de la pleine mer. Nulle part on ne voyait ni Marbre ni la chaloupe.

Notre dernière ancre venait d'être ramenée et

tout était prêt pour recevoir le vent. Trop inquiet pour descendre sur le pont dans de pareilles circonstances, et bien placé pour reconnaître la position des récifs, je résolus de rester où j'étais, et de diriger en personne la marche du bâtiment à travers la passe. Au bout d'une minute, *la Crisis* avait pris son élan, et se dirigeait d'un pas ferme vers la sortie du bassin. Comme il y avait des bancs de corail presque à fleur d'eau, je fus obligé de faire la plus grande attention aux manœuvres jusqu'au moment où, entrant dans la baie extérieure, nous nous trouvâmes en grande partie à l'abri de ce danger. Je pus alors regarder autour de moi avec plus de liberté. Notre changement de position ouvrait devant nous une vue nouvelle; mais la chaloupe ne paraissait pas.

Décidément Marbre s'était mis en mer, entièrement seul. Talcott était d'avis que notre ami, honteux de nous rejoindre, et ne pouvant se décider au dernier moment à rester dans sa solitude, s'était dirigé vers quelque île habitée. J'avais peine à le croire; il me semblait que, dans ce cas, Marbre eût plutôt attendu que nous fussions partis; cependant, il m'était impossible de trouver une explication plus plausible.

Nous restâmes pendant plusieurs heures autour du récif. Du haut de mon observatoire, je crus une fois distinguer sur l'Océan un point noir qui ressemblait à la voile d'une chaloupe ; mais il y avait tant d'oiseaux qui voltigeaient de tous les côtés et rasaient l'eau aux rayons du soleil, que ce pouvait bien en être un. Enfin, à midi, je donnai l'ordre de brasser au vent et de pousser au large. Il fallut me faire violence, et j'avais hésité longtemps. *La Crisis* s'éloigna rapidement de la terre, et à deux heures, la ligne de cocotiers qui bordait l'horizon derrière nous disparut sous les vagues. A partir de ce moment, je n'espérai plus de jamais revoir Moïse Marbre ; et cette certitude laissa dans tous les cœurs une impression de tristesse qui fut longtemps à se dissiper complètement.

Le major Merton et sa fille restèrent sur la dunette presque toute la matinée ; mais le vieux militaire était trop accoutumé à la discipline pour hasarder une seule remarque. Quand nous nous réunîmes pour dîner, la conversation tomba naturellement sur la disparition de notre ancien ami.

— C'est vraiment dommage qu'une mauvaise honte ait empêché Marbre d'avouer sa méprise, dit le major, et de profiter de cette excellente occasion d'aller à Canton, où il aurait pu passer sur un autre bâtiment, s'il l'avait cru nécessaire.

— Comme nous le ferons sans doute, n'est-ce

pas, cher père? ajouta Emilie avec une intention marquée. Il sera bien temps de débarrasser le capitaine Wallingford de nos personnes.

— Ainsi donc, une société aussi aimable serait, suivant vous, un embarras, miss Merton? répondis-je vivement. Vous n'en croyez rien, j'en suis sûr; à présent que M. Le Compte a construit cette dunette, et que vous êtes logés un peu plus commodément, le moment de la séparation viendra toujours pour moi beaucoup trop vite.

Un sentiment de satisfaction se peignit sur le visage d'Emilie, tandis que le major semblait pensif; après un moment de silence, il reprit:

— Je serais plus honteux encore de l'embarras que nous donnons, surtout en voyant que Wallingford ne veut accepter, ni pour lui ni pour ses armateurs, aucune compensation même de la dépense que nous occasionnons, si nous avions pu faire autrement. Mais dès que nous serons arrivés à Canton, nous nous embarquerons sur le premier bâtiment anglais qui voudra nous recevoir.

Je me récriai contre un pareil arrangement; et cependant je n'avais guère de bonnes raisons à donner pour le combattre. Je ne pouvais aller ni en Angleterre, ni à Bombay; et c'était entre ces deux routes que le major pouvait seulement hésiter. La conversation se prolongea encore quelque temps ; et, lorsque je me retirai, je remarquai qu'Emilie semblait plus triste.

C'est une longue route à parcourir que la moitié de la mer Pacifique ; et ce fut une grande ressource pour Talcott et pour moi, pendant ces longues semaines de loisir, de pouvoir jouir de la société que le hasard nous avait si heureusement procurée. Je tirai un grand profit de mes rapports continuels avec les Mertons.

Enfin j'entrai dans la mer de la Chine, et, ayant le vent favorable, j'arrivai promptement à Canton. Obligé de m'occuper des intérêts de mes armateurs, je débarquai mes passagers à Wampoa, et nous nous quittâmes après nous être promis mutuellement de ne point partir sans nous être revus.

Les six ou huit semaines que je passai à Canton furent d'un grand avantage pour ceux qui avaient un intérêt dans *la Crisis*. Je vendis ma cargaison à des prix très avantageux, et les denrées que j'achetai en échange se trouvaient être au contraire à très bas prix. En cela je n'avais aucun mérite, et pourtant on m'en sut un gré infini ; tant il est vrai que dans le commerce, comme dans la guerre, le bonheur est pour beaucoup. Néanmoins il est certain que je me donnai beaucoup de mal ; car je sentais toute la responsabilité qui, pour la première fois, pesait sur moi. Aussi éprouvai-je un véritable soulagement quand les écoutilles furent enfin fermées et que le bâtiment fut prêt à mettre à la voile.

C'était alors un devoir pour moi, aussi bien qu'un plaisir, d'aller rendre visite au major Merton que je n'avais vu qu'une ou deux fois depuis deux mois. Il avait passé tout ce temps à Wampoa, tandis que j'étais toujours ou dans les factoreries ou à bord. Le major était occupé au moment où j'arrivai, et Emilie me reçut seule. Quand elle apprit que j'allais partir, et que je venais prendre congé d'elle, elle parut éprouver un sentiment pénible. J'étais ému de mon côté ; seulement j'éprouvai moins de scrupule à lui exprimer mes regrets.

— Dieu seul sait, miss Merton, ajoutai-je après les premières explications, quand il nous sera permis de nous revoir.

Emilie tressaillit quand je fis allusion à la durée probable de notre séparation, et elle devint toute pâle. Sa jolie petite main tremblait tout en tenant son aiguille, et elle semblait livrée à une agitation que je ne l'avais pas encore vue éprouver au même point, elle qui d'ordinaire était si calme et si maîtresse d'elle-même.

L'arrivée du major Merton, à cet instant, empêcha une explosion qui semblait imminente, et nous rappela à nous-mêmes. Quant au major, il était loin de paraître dans son état ordinaire ; et j'en fus frappé à un tel point que je commençai par lui demander s'il était malade.

— Pour toujours, je le crains, Miles, répondit-il. Mon médecin vient de m'avertir franchement que si je ne gagne pas un climat froid le plus tôt possible, il ne me donne pas six mois à vivre.

— Alors, venez avec moi, monsieur, m'écriai-je avec un empressement qui prouvait ma sincérité. Il est temps encore, puisque je ne pars que demain.

— On me défend d'aller à Bombay, ajouta le major en regardant sa fille avec anxiété ; et il faut que je renonce à ma place, du moins pour bien longtemps.

— Tant mieux, major. Dans quatre ou cinq mois, je vous débarque à New-York où vous trouverez le climat qu'il vous faut. C'est comme amis et non comme passagers, que vous viendrez avec moi. Votre table deviendra la mienne ; car mes emplettes remplissent tellement ma chambre, que c'est à peine s'il me reste la place nécessaire pour y coucher.

— Votre délicatesse égale votre générosité, Miles ; mais vos armateurs, que diraient-ils ?

— Ils n'ont aucun droit de se plaindre. D'après nos conventions, si je prends des passagers, c'est mon affaire. Tout au plus pourrait-il leur être dû une indemnité pour l'eau et pour les rations que fournit le bâtiment ; si vous insistez pour la leur payer, c'est à peine d'une centaine de dollars qu'il s'agira.

— A ces conditions, je profiterai avec reconnaissance de votre offre. Permettez-moi seulement de vous faire une dernière question : pouvez-vous toucher à Sainte-Hélène ?

— Mais, oui, si vous le désirez. Je dirai même que cela peut être nécessaire pour la santé de l'équipage.

— Eh ! bien, là je vous quitterai s'il se présente une occasion pour l'Angleterre : car je ne puis tarder à m'y rendre. Voilà qui est convenu, mon cher Miles ; demain matin je serai prêt.

Jamais Emilie ne m'avait paru plus belle que pendant qu'elle écoutait cet arrangement. Elle se trouvait soulagée de toute inquiétude immédiate pour son père, et je crus aussi qu'elle n'était pas fâchée de voir retarder l'instant de notre séparation. Des mois devaient s'écouler avant notre arrivée à Sainte-Hélène ; et qui pouvait prévoir ce qui se passerait d'ici-là ?

Comme j'avais beaucoup à faire pour le moment, je pris congé du père et de la fille, très content du résultat de ma visite. Le lecteur en concluera que j'étais amoureux : il se trompera.

Non, je n'étais pas amoureux ; mais j'avais, pour me servir d'une phrase à la mode dans certaines sectes, l'imagination montée. Lucie, même alors, tenait dans mon cœur une place que j'ignorais moi-même ; mais il n'était pas dans la nature qu'un tout jeune homme passât des mois entiers presque seul avec une jeune fille charmante, sans se sentir attiré vers elle par un penchant irrésistible.

Le lendemain, à l'heure dite, j'eus le bonheur de recevoir à bord mes anciens passagers. Talcott en éprouva autant de joie que moi-même ; car lui aussi prenait plaisir à la société d'Emilie.

Nous mîmes à la voile, et je n'ai pas besoin de dire combien je trouvai de charme, à un voyage toujours si long et si monotone. Ma chambre étant encombrée, je passais la plus grande partie de mon temps sur la dunette. Talcott était musicien ; je jouais assez bien du violon ; nous accompagnions Emilie, et nous faisions des trios délicieux qui, dans des temps moins prosaïques, auraient fait sortir les naïades de leurs retraites.

Cependant *la Crisis*, ayant passé le détroit de la Sonde, était arrivée à un endroit de l'Océan où le commandant d'un navire ne pouvait se tenir trop sur ses gardes. Aussi, des hommes étaient-ils toujours en vigie pour découvrir les ennemis, s'il s'en présentait. Il paraît que ce n'était pas dans notre destinée de passer dans ces parages complètement inaperçus. Un matin, de bonne heure, Talcott accourut me réveiller.

— Vite, debout, commandant, s'écria-t-il : les pirates s'assemblent autour de nous comme des corbeaux autour d'un cadavre. Le malheur veut que nous ayons peu d'espace et peu de brise. Tout annonce que la matinée sera chaude.

En moins de trois minutes j'étais sur le pont où tous les matelots accoururent aussitôt, la plupart n'ayant pas eu le temps de passer leurs vestes. Le major Merton était déjà sur la dunette, sa longue-vue à la main, tandis que les deux lieutenants démarraient les canons et mettaient le bâtiment en état de faire une défense honorable.

La situation était pour moi toute nouvelle. J'avais été déjà six fois en présence d'ennemis, et deux fois en qualité de commandant ; mais jamais dans des circonstances aussi décisives. La mer semblait couverte d'ennemis. Le major déclara qu'il ne comptait pas moins de vingt-huit pros, et que plusieurs avaient de l'artillerie. Il était évident qu'ils agissaient de concert, et que, pour nous prendre plus sûrement, ils avaient établi une sorte de blocus autour de nous.

Il était encore de bonne heure, quand les pros furent assez près pour commencer sérieusement leurs opérations. Ils débutèrent par nous envoyer une bordée d'environ douze canons, qu'ils avaient à bord. Les boulets vinrent traverser en sifflant nos mâts et nos agrès, presque dans toutes les directions ; et trois s'y arrêtèrent, quoiqu'ils ne fussent pas assez gros pour faire grand mal. Nos hommes étaient à leurs postes ; nous avions réussi à établir le service des deux batteries, mais il ne restait presque personne pour veiller aux bras et aux écoutes, et les officiers seuls n'avaient point d'occupation spéciale.

M. Merton devait sentir que sa liberté et celle de sa fille, peut-être même leurs vies, étaient à la merci d'un tout jeune homme ; cependant ses habitudes militaires de subordination étaient si profondes, qu'il ne hasarda pas même une observation. J'avais mon plan, et personne ne devait se permettre d'intervenir.

C'était en avant et des deux côtés de nos bossoirs que les pros se montraient surtout en force, serrés l'un contre l'autre au nombre de vingt environ, et décidés sans doute à nous aborder, si l'occasion s'en présentait ; tandis qu'à l'arrière, ils étaient clairsemés. Les pirates avaient pris ces dispositions, dans la persuasion où ils étaient que nous continuerions à nous porter en avant.

L'ordre fut donné de carguer la grande voile et de mettre du monde sur les cargues de la brigantine. Il fallut pour cela dégarnir la batterie de tribord. Quand tout fut prêt, la barre fut mise au vent, et le bâtiment vira de bord vivement en tenant le plus près. En tournant, nous lâchâmes toute notre bordée de tribord au milieu de la foule de nos ennemis ; et la distance étant suffisante pour que la mitraille pût s'éparpiller, cette bordée fut efficace. Dès que nous fûmes orientés à l'autre bord, nous ouvrîmes un feu bien nourri à bâbord et à tribord sur toutes les embarcations qui s'approchaient trop. Les canots les plus proches virèrent de bord à leur tour pour nous donner chasse ; mais comme nous étions passés à l'arrière de plus d'un demi-mille, nous eûmes le temps de nous ouvrir un passage hors du cercle, et de forcer tous les pros qui étaient devant nous à chercher un refuge au milieu du reste de leur flottille.

La manœuvre fut parfaitement exécutée ; et au bout de vingt minutes nous cessâmes notre feu. Tous nos ennemis nous restaient alors à l'ouest, et ne formaient qu'un seul groupe. C'était un avantage immense ; car nous n'avions plus qu'une seule batterie à servir ; nous ne pouvions plus être enfilés ;. et notre feu produirait plus d'effet, dirigé sur une masse plus compacte. J'oubliais de dire que le vent était au sud.

La Crisis vira alors vent devant, portant ses

basses-voiles et ses perroquets. Elle serrait
bien le vent, et tout faisait présager qu'elle allait
passer au vent de tous les pros, qui s'étaient
concentrés autour de leur amiral. Six des plus
hardis parurent toutefois décidés à s'y opposer,
et venant au plus près, ils s'efforcèrent de croiser notre route sur l'avant, en nous tirant alors
leur bordée. *La Crisis* se porta en avant comme
pour les couper ; puis, quand elle se crut assez
près, elle laissa porter de trois points environ,
et tout à coup elle s'élança vivement au centre
même de la flottille. Les ennemis, pris au dépourvu, nous ouvrirent un passage, et nous passâmes à travers toute la ligne, vomissant la mitraille par toutes nos bouches à la fois.

Au milieu de la fumée et dans le plus fort de
l'action, trois ou quatre pros firent mine de vouloir s'approcher, comme pour tenter un abor-
dage : je ne changeai rien à mes dispositions, et
je ne retirai personne du service des pièces qui
continuaient à faire merveille. Je pense que les
pirates trouvèrent à la fin qu'il faisait trop
chaud, car ils cessèrent de nous poursuivre, et
cinq minutes après nous étions complètement
hors de leur rayon.

A en juger par la confusion qui semblait ré-
gner parmi les pirates, ils avaient dû être rude-
ment traités. Un canot avait été coulé bas, et

cinq ou six embarcations s'étaient réunies à l'entour, pour chercher à sauver l'équipage. Trois autres avaient souffert dans leur mâture, et tous indiquaient par leurs mouvements qu'ils en avaient assez. Dès que j'en fus bien certain, je repris ma route première. Les pros qui nous restaient au vent firent mine de vouloir nous suivre pendant quelque temps. Trouvant la plaisanterie trop prolongée, je virai vivement de bord pour tomber sur ces obstinés ; mais ils ne se le firent pas dire deux fois, et nous tournèrent précipitamment le dos en courant au plus près. Nous changeâmes encore une fois les armures, et nous poursuivîmes notre route sans être inquiétés davantage.

Je relâchai à Sainte-Hélène, comme je l'avais promis ; mais ne trouvant pas de bâtiment, mes passagers se décidèrent à m'accompagner à New-York. Emilie s'était conduite admirablement pendant le combat, et ce fut une joie pour tout l'équipage d'apprendre qu'elle restait à bord. Il n'arriva rien de remarquable dans notre traversée de Sainte-Hélène à New-York. Elle fut longue, mais sans ennui.

Enfin nos calculs nous apprirent que nous ne devions pas être loin de la terre. Le major et Emilie montèrent sur la dunette pour jouir du premier coup d'œil, et peu d'instants après le cri désiré se fit entendre. Un point brumeux commençait à apparaître sous le vent. Il se condensa de plus en plus et présenta bientôt les contours et les échancrures d'une montagne. La pointe du Hook, les terres qui s'élèvent derrière en amphithéâtre, se montrèrent successivement. Nous passâmes rapidement devant le phare, et, doublant le Spit, nous entrâmes dans la baie supérieure juste une heure avant le coucher du soleil. C'était la fin d'une des plus belles journées du mois de juin 1802.

CHAPITRE III

Les toasts

Le major, Emilie et moi, debout sur la dunette, nous regardions le coup d'œil pendant que le bâtiment glissait sur l'eau, devant une bonne brise sud-est.

Notre bâtiment était à la hauteur de Bedlow, et le pilote avait commencé à diminuer de voiles, quand un schooner vint à nous croiser. Trop occupé du mouvement général de la baie pour remarquer une petite embarcation, ce fut à peine si je tournai les yeux de ce côté. En cet instant, j'entendis de grands cris poussés au-dessus de moi. C'était Neb qui était à ferler un des cacatois, et qui faisait entendre un de ces miaulements aigus, particuliers à sa race, qui lui échappaient souvent malgré lui.

— Que signifie ce tapage sur le mât d'artimon? m'écriai-je avec colère; car je tenais sévèrement la main à ce que le plus grand ordre régnât sur mon bord.

— Regardez donc, maître, dit le nègre en me montrant vivement le schooner: vous ne pas voir *la Polly!*

C'était bien elle en effet, et je la hélai sur-le-champ.

— Eh! de *la Polly!* où allez-vous, et depuis quand le schooner est-il de retour de la Mer Pacifique?

— Nous allons à la Martinique. Voilà six mois que *la Polly* est revenue des mers du sud. C'est le troisième voyage qu'elle fait depuis lors aux Indes occidentales.

J'avais donc la certitude que la cargaison et mes lettres étaient arrivées à bon port. Je devais être attendu, et les armateurs ne tarderaient pas à apprendre mon arrivée. J'en eus bientôt la preuve, car au moment où *la Crisis* entrait dans l'Hudson, un canot vint à nous, amenant deux des principaux associés de notre maison de commerce. Mon rapport et les explications verbales de l'officier qui avait ramené le schooner les avaient mis au courant de tout ce qui était arrivé.

Nelson, après sa victoire du Nil, fût venu annoncer lui-même son succès au roi d'Angleterre, que sa réception n'aurait pu être plus flatteuse que celle qui me fut faite. On me prodiguait à chaque phrase le nom de capitaine, et les éloges étaient entremêlés de tant de questions sur la valeur de la cargaison, que je ne savais à laquelle répondre en premier. Les deux associés m'invitèrent à la fois à dîner pour le lendemain; et comme je faisais quelques objections à cause de mes occupations à bord, ils remirent de jour en jour, jusqu'à ce qu'ils en eussent indiqué un qui parût me convenir. Celui qui nous apporte de l'or est toujours le bienvenu !

Avant le coucher du soleil, nous avions pris notre station le long du quai, et tout était en ordre à bord. Je me hâtai de faire un bout de toilette, et je dis à Neb d'en faire autant. Un des armateurs s'était offert pour conduire le major Merton et Emilie à un logement convenable, avec un empressement qui me surprit. Mais l'influence des Anglais et de l'Angleterre, dans toute l'étendue des Etats-Unis, était très grande il y a quarante ans. C'était encore plus sensible à New-York que partout ailleurs, et un major anglais à la demi-paie était une sorte de seigneur aux yeux des Manhattanais de l'époque.

Il n'est donc pas étonnant que le major Merton et sa fille reçussent, à peine arrivés, l'accueil le plus empressé. Une sorte d'intérêt de roman s'attachait en même temps à leurs aventures, et je n'avais pas d'inquiétude à concevoir à leur égard : ils seraient bientôt traités moins en étrangers que moi-même, qui revenais dans mon pays natal.

Neb vint m'annoncer qu'il était à mes ordres, et je lui dis de me suivre. Mon intention était de passer dans les bureaux des armateurs, d'y prendre quelques lettres qui m'attendaient, d'y répondre, et d'envoyer ensuite le nègre à Clawbonny pour annoncer mon retour.

En 1802, la Batterie était le point de réunion de la belle société, la promenade à la mode. Je m'y rendis, et pendant que je passais en revue une foule de figures charmantes, j'oubliai les affaires qui m'appelaient. Neb ni moi nous n'étions pressés ; nous nous promenions tranquillement, regardant à droite et à gauche, quand une société qui passa près de nous sous les arbres, absorba toute mon attention.

En avant, marchaient un jeune homme et une demoiselle, mis simplement, mais avec goût. Le jeune homme n'avait rien de remarquable qu'une vivacité pétulante qui se manifestait par les gestes dont il accompagnait sa conversation avec sa compagne, qui semblait y prendre goût. Celle-ci avait un charme dans toute sa personne qui me frappa vivement ; c'était une démarche si naturelle, et en même temps si pleine de légèreté et de grâce, un air si complet de bonheur et de santé, une tournure si distinguée, que je brûlais de voir de plus près une créature si charmante. Je ne pouvais entendre ce que son cavalier lui disait, mais je construisis sur le champ mon roman, et je me dis que ce devaient être deux fiancés pour qui tous les rapports de fortune et de convenances se trouvaient réunis.

Je me sentais en quelque sorte fasciné par cette gracieuse apparition, et je cherchais à surprendre l'expression de son regard qui s'était dirigé vers moi, lorsque j'entendis ce seul mot prononcé d'une voix et d'un ton qui me fit tressaillir de tous mes membres :

— Miles !

Il n'y avait plus à s'y méprendre : c'était bien Lucie Hardinge qui était devant moi, tremblante, incertaine, la figure tantôt pâle comme la mort, tantôt d'un rouge pourpre, les mains serrées l'une

contre l'autre, prête à s'élancer dans mes bras,
et retenue par un sentiment de pudeur; enfin,
le modèle le plus parfait de grâce, de sensibilité
et de modestie naturelle,

— Lucie Hardinge, est-ce bien vous ? vous que
je trouvais déjà si belle, sans vous reconnaître !

Je m'y serais étudié pendant une semaine, que
je n'aurais pu imaginer de compliment plus
flatteur que celui qui m'était échappé de manière
à mettre sur-le-champ toute réserve à l'écart. Il
fallait maintenant soutenir un si brillant début ;
je serrai la chère enfant contre mon cœur, et je
lui donnai un baiser comme je réponds bien
qu'elle n'en avait jamais reçu. Une pareille acco-
lade de la part d'un jeune gaillard qui avait près
de six pieds, une paire de moustaches imposantes
et un air de santé robuste qu'on n'acquiert pas
en se pavanant dans les rues et dans les promenades, eut pour effet de couvrir la pauvre
Lucie de confusion et de rougeur.

— Allons, assez, Miles, dit-elle en se dégageant ;
ne voyez vous pas Grace, et mon père, et Rupert ?

Toute la famille, en effet, était réunie : on était
sorti pour faire un tour de promenade avec un
certain M. André Drewett, camarade de droit de
Rupert, et qui, à ce que j'appris ensuite, était
l'amant assez déclaré de sa sœur.

Dès que Grace me reconnut, sans s'inquiéter

des passants ni du qu'en dira-t-on, elle se jeta à mon cou, m'embrassa sept à huit fois sans s'arrêter, puis se mit à sangloter sur mon épaule, comme si son cœur se brisait.

J'avais à peine eu le temps de presser Grace sur mon cœur, que la voix de M. Hardinge se fit entendre pour réclamer son tour. Le bon ministre oublia que j'avais trois pouces de plus que lui, que j'aurais pu sans peine le soulever de terre et le porter dans mes bras, que j'avais été bronzé par le soleil, et que j'avais des moustaches de l'Océan Pacifique ; il me caressa comme si j'avais été un petit enfant, m'embrassa tout autant de fois que Grace, me bénit tout haut, et puis donna aussi un libre cours à ses larmes.

J'eus besoin pour me remettre d'aller échanger une poignée de main amicale, mais moins sentimentale, avec Rupert. Quant à Drewett, il attendit assez longtemps pour demander à Lucie qui j'étais, et j'entendis le petit dialogue qui s'établit entre eux à cette occasion.

— C'est un ami intime, sinon un proche parent, miss Hardinge ?

— C'est tous les deux, répondit la jeune fille, moitié riant, moitié pleurant, avec son expansion ordinaire.

— Oserais-je demander son nom ?

— Son nom, monsieur Drewett ! mais c'est

Miles, notre cher Miles ! Vous nous avez entendus parler de Miles ?... Mais j'oubliais que vous n'avez jamais été à Clawbonny... N'est-ce pas une charmante surprise, ma bonne Grace ?

M. André Drewett attendit avec une patience qui me parut vraiment stoïque que Grace eût serré la main de Lucie, et lui eût exprimé son bonheur, pour reprendre la parole, et ce fut en ces termes qu'il se hasarda à le faire :

— Vous alliez dire quelque chose, miss Hardinge ?

— Moi ? mais en vérité, je ne me rappelle pas... La surprise, la joie... pardon, monsieur Drewett... Ah ! je me souviens à présent. J'allais dire que c'est M. Miles Wallingford de Clawbonny, le pupille de mon père... vous savez bien, le frère de Grace ?

— Puis-je demander à quel degré il est parent de M. Hardinge ? demanda le persévérant questionneur.

— Oh ! à un très proche degré... Attendez ; mais où ai-je donc la tête ce soir ? Il ne l'est pas du tout.

M. Drewett eut assez de tact pour comprendre qu'il était temps de se retirer, et il nous fit un salut si étudié, si plein de politesse, que vraiment je regrettai de n'avoir pas le loisir de l'admirer. Son départ ne parut pas faire beaucoup de sen-

sation dans notre petit cercle, et nous allâmes
nous asseoir tous les cinq sur un banc dans une
allée plus solitaire.

— Nous vous attendions; nous n'avons pas été
pris tout à fait à l'improviste ! s'écria le bon
M. Hardinge, en me frappant sur l'épaule. J'ai
consenti à venir à New-York parce que le dernier
bâtiment arrivé de Canton avait annoncé que *la
Crisis* devait mettre à la voile dix jours après lui.

— Et jugez de notre surprise, ajouta Rupert,
en lisant dans les journaux : *la Crisis, capitaine
Wallingford !*

— Mes lettres avaient dû vous y préparer un peu.

— Vous y parliez de M. Marbre, et je croyais
que, quand il vous aurait rejoints, il reprendrait
le commandement du bâtiment.

— Peut-être y a-t-il pensé, répondis-je avec
un peu d'orgueil, oubliant pour un instant la
situation probable du pauvre Marbre, dans un
accès de vanité; peut-être a-t-il pensé qu'il n'était
pas en trop mauvaises mains.

— Mais c'est ce qui paraît en effet ! dit
M. Hardinge avec bonté; j'entends dire de tous
côtés que vous avez fait merveille; la reprise du
bâtiment sur les Français est un exploit magnifique.

— J'ai cherché à faire mon devoir, monsieur,
répondis-je en évitant de regarder Lucie et en

baissant les yeux ; il aurait été trop dur de revenir dire ici : « les Français nous ont pris notre bâtiment pendant que nous dormions ».

— Mais vous en avez pris un aux Français de cette manière, et de plus vous l'avez gardé ! dit une voix douce dont chaque intonation était une musique délicieuse pour mes oreilles.

Je tournai la tête, et je vis poindre les yeux expressifs de Lucie au-dessus de l'habit gris de son père, derrière lequel elle se retira intinctivement dès qu'elle surprit mon regard.

— Oui, repris-je, nous avons été un peu plus heureux que nos ennemis ; mais il est juste de dire que nous avons eu de grandes obligations au capitaine Le Compte, qui poussa la complaisance jusqu'à nous laisser un schooner pour courir après lui.

— J'ai toujours trouvé cette partie de votre histoire assez étrange, Miles, dit M. Hardinge ; pour expliquer la générosité de ce Français, il faut supposer qu'il ne pouvait guère faire autrement.

— Vous ne rendez pas justice au pauvre Le Compte ; c'était un brave marin, aux idées chevaleresques. Il est possible que, sans ses passagers, il eût pris le temps de la réflexion ; mais j'ai toujours soupçonné que le désir de jouir de la société de miss Merton à lui tout seul l'avait porté à se débarrasser de nous le plus tôt possible. Il l'aimait évidemment, et il eût été jaloux de son ombre.

— Miss Merton ! s'écria Grace.

— Miss Merton ! répéta Rupert en se penchant en avant d'un air de curiosité.

— Miss Merton ! dit M. Hardinge. Qu'est-ce donc que miss Merton ?

Lucie seule ne dit rien.

— Comment, monsieur ? Mais dans mes lettres, j'ai dû vous parler des Mertons ; comment nous nous étions rencontrés à Londres ; puis comment je les avais trouvés prisonniers auprès de M. Le Compte ; enfin, que je devais les conduire à Canton, à bord de *la Crisis* ?

— Vous nous avez parlé d'un major Merton ; mais, quant à moi, voilà la première fois que j'entends parler d'une miss Merton. Voyons, jeunes filles, avez-vous été plus heureuses ?

— Miles ne m'a jamais écrit une ligne où il fût question d'une jeune personne, dit Grace en riant... C'est peut-être à Lucie.

— Il n'aurait pas été me dire ce qu'il jugeait à propos de cacher à sa sœur, répondit Lucie à voix basse.

— Il est assez bizarre que j'aie oublié d'en parler, m'écriai-je en cherchant à tourner la chose en plaisanterie ; les jeunes gens ont ordinairement plus de mémoire quand il s'agit de jeunes demoiselles.

— Cette miss Merton est donc jeune, mon frère?

— A peu près de votre âge, Grace.

— Et jolie ?

— Comme vous, ma chère.

— Et vous ne nous en disiez rien ! s'écria en riant mon tuteur, qui ne pensait pas plus à me marier à sa fille qu'à une princesse allemande de cent quarante-cinq quartiers, s'il en existe. Ah ! ça, il faudra nous faire un jour son portrait.

— Vous pouvez m'en éviter la peine en la regardant demain, monsieur, car elle est ici avec son père.

— Ici ! s'écria-t-on de toutes parts, et cette fois Lucie encore plus haut que les autres dans l'excès de sa surprise.

— Oui, certainement, le père, la fille et les domestiques. N'ai-je pas aussi oublié de vous parler des domestiques dans mes lettres ? Mais que voulez-vous ? Un pauvre diable qui a beaucoup à faire ne peut penser à tout dans la même minute. Le major Merton a un commencement de maladie de foie, et il ne pouvait rester dans un climat chaud ; n'ayant trouvé aucune autre occasion, il se rend en Angleterre par les Etats-Unis.

— Et combien y a-t-il qu'ils sont sur votre bord, Miles ? demanda Grace un peu gravement.

— Sur mon bord? neuf mois environ, à ce que je crois; mais en comptant le séjour à Londres, à Canton et à la Terre de Marbre, notre connaissance remonte à un peu plus d'un an.

— Alors la mémoire vous a manqué long-temps, mon frère.

Après cette épigramme, il y eut un moment de silence; M. Hardinge le rompit en faisant quelques questions sur le voyage de Canton. Comme il commençait à faire froid, nous nous levâmes pour nous diriger vers le logement de mistress Bradfort; cette dame, comme je ne tardai pas à m'en apercevoir, était très attachée à Lucie, et elle avait insisté pour l'avoir quelque temps chez elle pour la produire dans la société. Elle fréquentait un monde très supérieur à celui où Grace et moi nous pouvions prétendre à être admis par notre position sociale; mais Grace avait été reçue partout, en sa qualité d'amie de Lucie.

A la maison, j'eus à raconter toute mon his-toire et à répondre à une foule de questions; il ne fut plus dit un mot de miss Merton, et Lucie elle-même prit part à la conversation avec son enjouement d'autrefois. Quand les lumières eu-rent été apportées, et que mes deux compagnes d'enfance eurent ôté leurs schalls et leurs cha-peaux, je les fis mettre debout devant moi, pour vérifier à quel point le temps les avait changées.

Grace avait alors dix-neuf ans, et Lucie seulement six mois de moins. C'était Lucie surtout qui était à peine reconnaissable : ses charmes avaient acquis ce développement qui en faisait une jeune femme accomplie. Sous ce rapport, elle avait l'avantage sur Grace, qui était encore frêle et délicate, tandis que Lucie, malgré sa légère disposition à l'embonpoint, n'avait rien d'épais ni de lourd dans sa tournure; son regard avait pris une expression tendre et douce à la fois qui allait droit au cœur; en un mot, il y avait de quoi être fier d'inspirer quelque intérêt à deux jeunes personnes aussi charmantes.

Pendant ce temps, Neb avait été oublié. Il nous avait suivis à la maison de mistress Bradfort, et il était déjà installé à la cuisine où il renouvelait connaissance avec une certaine miss Chloé Clawbonny, son arrière-cousine, qui avait accompagné sa jeune maîtresse à New-York. Dès qu'on sut qu'il était en bas, Lucie, qui était comme chez elle dans la maison, demanda qu'il fût introduit au salon. Je vis, au sourire bienveillant de mistress Bradfort, qu'elle n'excédait pas son privilège, et Neb fut appelé.

Jamais le pauvre nègre ne s'était senti si heureux de sa vie. Il entra en reportant lentement le poids de sa personne d'une jambe sur l'autre, et en tortillant son chapeau entre ses doigts, avec

l'embarras de quelqu'un qui va paraître **devant**
des personnes qui valent mieux que lui ; **car**
alors un nègre était assez disposé à convenir **que**
cela pouvait se rencontrer.

On soupait encore en 1802, et je fus invité à
prendre part à ce repas de famille, qui fut des
plus gais. C'était l'usage de porter des toasts,
usage bizarre, mais très général alors ; les messieurs portaient la santé de dames, et les dames
celle de messieurs. Vers la fin du souper, mistress Bradfort, qui était très grande observatrice
des formes, invita gaiement M. Hardinge à donner l'exemple.

Après avoir cherché des inspirations au **pla-**
fond, avec un air aussi grave que s'il allait prononcer un sermon, il leva son verre, et dit :

— A Peggy Perott !

Peggy Perott était une vieille fille qui **allait**
soigner les malades pour de l'argent dans **les**
environs de Clawbonny, et qui était laide à faire
peur. Aussi ce fut un éclat de rire général.

— Vous voulez que je propose un toast, et
vous vous mettez à rire quand je cherche à **vous**
contenter ! dit M. Hardinge d'un ton moitié sérieux, moitié plaisant ; Peggy est une excellente
femme, et une des plus utiles que je connaisse...
Mais je me suis exécuté, et c'est à votre tour,
cousine.

Mistress Bradfort était veuve depuis longtemps, et elle n'en était pas à son coup d'essai en ce genre. Aussi elle porta son toast avec un calme parfait.

— A mon vieil ami, dit-elle en se soulevant comme pour être mieux vue et braver la médisance, au bon docteur Wilson !

Toute personne veuve ou non mariée devait en désigner une dans la même position, et la veuve n'avait pas dérogé à l'usage ; mais « le bon docteur Wilson » était un ministre *émérite* que personne ne pouvait soupçonner d'inspirer d'autre sentiment que l'amitié.

— Bon ! s'écria M. Hardinge en se frappant le front ; moi qui n'y ai pas pensé ! Mistress Bradfort, vous me l'avez volé ! avec un moment de réflexion, j'aurais choisi le docteur ; car j'ai étudié avec lui, et je l'honore infiniment.

La simplicité du bon ministre excita de nouveaux rires ; nous étions tous si disposés à la gaieté ce soir-là ! Puis vint le tour de Rupert.

— A la santé de la charmante miss Winthrop, dit-il sans la moindre hésitation, et en agitant son verre d'un air qui semblait dire : « Qu'en pensez-vous ? »

Les Winthrop étaient une famille très respectable, du petit nombre de celles qui restaient de l'ancienne aristocratie coloniale.

— Connaissez-vous cette miss Winthrop ? demandai-je tout bas à Grace.

— Nullement ; je vais peu dans cette société. Rupert et Lucie voient beaucoup de personnes que je connais à peine.

Rupert dit à Grace que c'était à présent son tour, une dame succédant ordinairement à un monsieur. Ma sœur ne parut pas déconcertée le moins du monde ; mais, après un moment d'hésitation, elle dit :

— A M. Edouard Marston.

C'était un nom nouveau pour nous ; j'appris que c'était celui d'un jeune homme recommandable qui venait souvent chez mistress Bradfort, et dont cette dame faisait grand cas. Je regardai Rupert pour voir quelle mine il faisait ; mais il était aussi calme que Grace l'avait été quand il avait proposé la santé de miss Winthrop.

— Je crois qu'il ne me reste que vous à appeler, Miles, dit Grace en souriant.

— Moi ! mais vous savez tous que je ne connais pas une âme ici. Nos filles de l'Ulster sont presque toutes sorties de ma mémoire. Et puis, personne ne les connaîtrait.

— Comment donc ? est-ce que nous ne sommes pas aussi de l'Ulster ? Voyons, cherchez bien si vous ne trouvez pas quelque jeune personne...

— Allons, soit ! aussi bien on ne peut être resté plus de neuf mois sur le même bord qu'Emilie, sans penser à elle dans un cas extrême. Ainsi donc, à la santé de miss Emilie Merton !

Je n'osai pas regarder Lucie, quoique j'eusse pu porter sa santé toute la nuit, si l'usage eût permis de proposer une personne présente. Les causeries recommencèrent de plus belle, et j'avais à répondre à six questions à la fois, quand mistress Bradfort, beaucoup trop minutieuse pour oublier personne, rappela que miss Lucie Hardinge ne nous avait pas encore honoré d'un toast. Lucie avait eu tout le temps de la réflexion ; elle inclina la tête, s'arrêta un moment comme pour rassembler son courage, puis elle dit :

— A M. André Drewett !

C'était le jeune homme avec qui elle était en conversation si animée, la première fois que je l'avais rencontrée ! Si j'avais été plus familier avec le monde, j'aurais su qu'une jeune personne sensée et délicate n'irait pas ainsi divulguer un secret qui lui serait cher. Mais j'étais jeune ; j'aurais porté devant tout l'univers la santé de celle que je préférais, et le toast de Lucie me mit mal à l'aise pour tout le reste de la soirée. Aussi ne fus-je point fâché quand Rupert me rappela qu'il était onze heures, et qu'il était temps de nous retirer.

La matinée du lendemain fut employée à terminer l'affaire du bâtiment. Je fus très fêté par les négociants et les patrons de navires, et un de mes armateurs me conduisit à la Bourse pour me faire voir. J'étais fier d'être un héros en miniature, ne fût-ce même que dans les colonnes des journaux. Je m'étais bien montré, après tout, et mes ennemis eux-mêmes avaient été forcés d'en convenir.

CHAPITRE IV

J'achète « l'Aurore »

Je voyais Grace, le bon M. Hardinge et ses enfants tous les jours, mais ce ne fut qu'à la fin de la semaine que je pus trouver le temps d'aller rendre visite aux Mertons. Ils parurent bien aises de me voir, mais leurs intérêts n'avaient eu nullement à souffrir de mon absence. Le major avait exposé ses droits au consul anglais, qui avait des relations étendues.

Le colonel Barclay — c'était son nom — avait pris les Mertons sous son patronage, et son exemple ayant été suivi par d'autres, ils étaient déjà reçus dans la meilleure société. Emilie me cita les noms de plusieurs des personnes avec lesquelles elle avait déjà échangé des visites, et je reconnus aussitôt, tant par la conversation de Lucie et de Grace que par ma connaissance générale des traditions de la colonie et de l'état, qu'au point de vue, sinon politique, du moins social, c'étaient les premières familles du pays. En même temps je savais très-bien que le capitaine d'un bâtiment de commerce avait beau être au mieux avec ses armateurs ou avec ses camarades, il n'en avait pas moins très-peu de chances d'être admis dans cette société ; de sorte que j'avais devant moi la douce perspective de voir ma propre sœur et les deux jeunes personnes que j'aimais le plus au monde, fréquenter des maisons dont les portes m'étaient fermées. C'est désagréable dans toutes les positions ; dans la mienne ce le fut encore davantage, et voici comment :

Quand je dis à Emilie que Grace et Lucie étaient à New-York, et qu'elles se proposaient de venir la voir le matin même, il me parut qu'elle manifestait moins d'empressement qu'elle n'en aurait montré un mois auparavant.

— Miss Hardinge est-elle parente de M. Rupert Hardinge auprès de qui je me suis trouvée hier dans un dîner? demanda-t-elle après avoir exprimé le plaisir qu'elle aurait à les recevoir.

Je savais que Rupert avait dîné en ville ce jour-là, et, ne connaissant aucune autre personne du même nom, je répondis affirmativement.

— Il est le fils d'un ministre respectable, et très-bien posé dans le monde, m'a-t-on dit ?

— Les Hardinges sont en grand renom parmi nous. Le père et le grand-père de Rupert ont été ministres, et son bisaïeul était marin. Ce ne sera pas, je l'espère, une défaveur à vos yeux.

— Marin ! mais il me semblait avoir entendu dire... Pardon, je me trompe sans doute.

— Peut-être vous a-t-on dit que son bisaïeul était un *officier anglais?*

Emilie rougit, puis elle sourit faiblement, et convint que j'avais deviné juste.

— Eh bien! tout cela est vrai, ajoutai-je, quoiqu'il fût marin. Le vieux capitaine Hardinge, ou le commodore Hardinge, comme on avait coutume de l'appeler, — car il avait commandé une fois une escadre, — était dans la marine militaire anglaise.

— Oh ! des marins de ce genre, à la bonne heure ! dit vivement Emilie; je ne croyais pas qu'il fût d'usage d'appeler ainsi les *gentlemen* de la marine militaire.

— Ils feraient une triste figure, s'ils ne l'étaient pas, miss Merton; autant vaudrait dire qu'un juge n'est pas un homme de loi.

C'en était assez toutefois pour me convaincre que miss Merton ne regardait plus le capitaine de *la Crisis* comme le premier homme du monde.

La cloche annonça l'arrivée des deux jeunes personnes, et Émilie leur fit un accueil gracieux. Elle mit de l'abandon et même une certaine chaleur dans l'expression de sa reconnaissance pour tout ce que j'avais fait pour elle et pour son père. Elle remonta même jusqu'à notre rencontre au parc et poussa l'amabilité jusqu'à dire que, dans cette circonstance, elle et ses parents avaient dû la vie à mon dévouement. De pareils propos faisaient grand plaisir aux deux amies; car je crois qu'elles ne se seraient jamais lassées ni l'une ni l'autre d'entendre faire mon éloge.

Après ces premiers compliments, la conversation tourna sur New-York, ses plaisirs et les différentes personnes qu'on connaissait mutuellement. Je m'aperçus que ma sœur et mon amie étaient ébahies de voir dans quelle société était lancée miss Merton. Cette société était d'une nuance au-dessus même de celle de mistress

Bradfort, quoique l'une et l'autre eussent, par leurs extrêmes, quelques points de contact. Commes les personnes dont on parlait m'étaient toutes inconnues, je n'avais rien à dire, et j'écoutais en silence.

La visite se prolongea, car j'avais exprimé le désir qu'on prît le temps de faire connaissance, et je n'eus pas besoin de le répéter. Quand les nouvelles amies se quittèrent, ce fut en se promettant de se revoir bientôt. Je secouai la main d'Emilie à la manière anglaise, et je pris congé d'elle en même temps.

— En vérité, Miles, dit Grace dès que nous fûmes dans la rue, la jeune personne qui vous a de si grandes obligations est vraiment charmante.

— Et vous, Lucie, êtes-vous du même avis ?

— Oui, dit Lucie d'un ton beaucoup plus réservé, c'est une des plus jolies personnes que j'aie jamais vues, et je ne m'étonne pas...

— De quoi ne vous étonnez-vous pas, ma chère ? demanda Grace, voyant que son amie hésitait à continuer.

— Oh ! j'allais dire quelque sottise, et il vaut mieux que je m'arrête. Mais quelles manières distinguées a miss Merton ! Ne trouvez-vous pas, Grace ?

— A vous parler franchement, si je lui reproche quelque chose, c'est justement d'avoir un peu trop de manières. N'avez-vous pas remarqué que c'était, plus ou moins, le défaut de toutes les Européennes que nous avons vues l'hiver dernier? Tout ce qui sent l'étude ne saurait me plaire, à moi.

— A nous, c'est possible ; mais pour ceux qui ont été habitués à cette perfection de manières, il doit leur être pénible de ne plus la rencontrer.

En faisant cette remarque, je crus observer que Lucie jetait un regard furtif de mon côté. J'eus la sottise de croire que c'était pour moi qu'elle parlait, et j'en fus un peu piqué. Il me semblait qu'elle voulait dire :

— Ah ! monsieur Miles, maintenant que vous avez été à Londres et dans une île déserte des mers du Sud, les deux extrèmes de la civilisation, vous faites le difficile, et il faut être *maniérée* pour vous plaire !

Je sentis que je perdais contenance, et, prétextant les exigences du service, je m'éloignai précipitamment pour retourner à bord. Je rencontrai sur le quai M. Hardinge qui me cherchait.

— Venez, Miles, me dit l'excellent vieillard, j'ai besoin de causer sérieusement avec vous.

Comme dans ce moment Lucie occupait la première place dans mes pensées, je me dis tout bas : « De quoi donc le cher ministre veut-il me parler ? »

— De tous les côtés, j'entends dire de vous monts et merveilles, dit M. Hardinge, et j'apprends que vous êtes déjà un excellent marin. C'est un grand honneur pour vous d'avoir à votre âge commandé pendant un an un bâtiment allant aux Indes. J'ai causé de vous avec un de mes vieux amis, John Murray, de la maison Murray et fils, un des premiers négociants des Etats-Unis, et il m'a dit : « Si le garçon a de l'étoffe, poussez-le en avant. Donnez-lui un bâtiment à lui, et vogue la galère. Il n'y a rien de tel que d'avoir à soigner ses intérêts propres pour devenir vite un homme. » J'y ai bien réfléchi, j'ai certain bâtiment en vue depuis un mois ; et si ce plan vous sourit, je vais vous l'acheter.

— Mais ai-je assez d'argent pour cela, mon cher monsieur ? Après avoir monté *le John, le Tigris, la Crisis,* je ne me soucierais pas de quelque navire subalterne, coté peut-être un tiers.

— Vous avez oublié *la Polly* dans votre énumération, dit le ministre en souriant. Mais soyez sans inquiétude. Le navire que j'ai en vue est de première classe ; il n'a encore fait qu'un seul voyage, et il est vendu par suite de la mort de l'armateur. Quant à l'argent, j'ai placé l'excédant de vos revenus sur les fonds publics, et ce qui a coûté dix mille dollars en vaut aujourdhui treize mille; car depuis la conclusion de la paix, tout est en hausse, et l'argent abonde. Vous avez dû de votre côté faire quelques économies?

— J'ai près de trois mille dollars en réserve, et je n'aurai de longtemps à vous adresser aucune demande pour mes besoins personnels. Puis j'ai ma part de prise à toucher. Neb lui-même, avec sa paie et sa part de prise, me rapporte neuf cents dollars. Avec votre permission, monsieur, j'aimerais à lui donner la liberté.

— Attendez votre majorité, Miles, et alors vous ferez ce que vous jugerez convenable. En réunissant toutes nos ressources, j'ai à votre disposition plus de vingt mille dollars que je puis réaliser à l'instant même, et le prix du navire, tel qu'il est, presque prêt à mettre en mer, n'est que de quinze mille. Allez le voir; s'il vous plaît, c'est un marché conclu.

— Mais, mon cher monsieur Hardinge, vous croyez-vous bien en état de juger de la valeur d'un bâtiment?

— Allons, allons, ne me faites pas plus vain que je ne le suis. Croyez-vous que j'aie été m'en rapporter à mes propres lumières? J'ai consulté les autorités les plus compétentes de la ville.

— Eh bien! monsieur, j'irai voir le bâtiment et je vous en dirai mon avis. L'idée me sourit infiniment, car il est agréable d'être son maître.

A cette époque, on pouvait avoir un excellent navire pour quinze mille dollars. Celui que je visitai était doublé et chevillé en cuivre, et il était du port de cinq cents tonneaux. Il avait une grande réputation comme fin voilier. Il avait fait un voyage en Chine, et il avait le meilleur âge possible pour un bâtiment, un peu plus d'un an. Son nom était *l'Aurore*, et une figure de la déesse servait d'ornement à sa proue.

Le résultat de mon examen et des renseignements que je pris fut favorable, et à la fin de la semaine *l'Aurore* était achetée. Je fis cette acquisition importante à l'époque peut-être la plus favorable pour la navigation américaine. La preuve, c'est que le jour même où je fus mis en possession du bâtiment, on vint m'offrir de très bons chargements pour quatre coins du monde différents. J'eus à choisir entre la Hollande, la France, l'Angleterre et la Chine. Après avoir consulté mon tuteur, je me décidai pour la France. Le voyage de Bordeaux, aller et retour, ne me prendrait que cinq mois. Alors, je serais majeur, et par conséquent mon maître.

Comme j'avais l'intention de donner de grandes

fêtes à Clawbonny à cette occasion, il ne fallait pas trop m'éloigner. J'engageai donc pour lieutenants Talcott et le Philadelphien qui s'appelait Walton, et nous commençâmes notre chargement.

Dans l'intervalle, je résolus d'aller rendre **une** visite au toit paternel. C'était la saison où l'on quittait la ville en masse pour aller habiter les villas qui s'élèvent sur les bords de l'Hudson. M. Hardinge était impatient aussi de rejoindre son troupeau. Lucie et Grace commençaient à se fatiguer du séjour de la capitale, qui devenait assez monotone; et tout le monde, Rupert excepté, soupirait après la campagne.

J'avais invité M. Merton à passer une partie de l'été à la ferme, et il était plus que temps de renouveler mes instances; car le médecin du major trouvait que son malade avait besoin de quitter les rues enfermées de New-York pour aller respirer le grand air. Emilie semblait si bien dans son élément au milieu de la société dans laquelle elle était lancée depuis son arrivée, société supérieure en général à celle qu'elle fréquentait en Angleterre, que je fus surpris de l'empressement avec lequel elle me seconda auprès de son père.

— M. Hardinge dit que Clawbonny est vraiment un joli endroit, et que l'air y est excellent.

Il nous faut encore plusieurs mois pour recevoir des nouvelles d'Angleterre, et nous avons déjà tant d'obligations au capitaine Wallingford, et il nous invite de si bonne grâce, que nous n'avons presque plus à craindre d'être indiscrets en acceptant.

Le major parut aussi surpris que moi de ce langage d'Emilie, mais il fit peu de résistance. Il dépérissait visiblement, et je commençais à douter sérieusement qu'il vécût assez même pour retourner en Europe. Lorsque tous les arrangements furent pris, je demandai à Rupert d'être des nôtres ; car je pensais que, sans lui, Grace et Lucie ne trouveraient pas la partie complète.

— Miles, mon cher ami, dit le jeune légiste en bâillant, Clawbonny est assurément un endroit merveilleux, mais vous conviendrez qu'il doit paraître légèrement insipide après New-York. Mon excellente parente, mistress Bradford, s'est tellement prise de passion pour nous tous, qu'elle est pour moi aux petits soins. Croiriez-vous bien, mon garçon, que voilà deux ans qu'elle me donne six cents dollars et, qu'en outre, elle fait à Lucie des présents dignes d'une reine ? C'est une femme qui vraiment n'a pas sa pareille que notre cousine, savez-vous bien ?

Cette révélation m'étonna. En faisant mon compte avec nos armateurs, j'avais vu que Rupert avait épuisé jusqu'à sa dernière limite le crédit que je lui avais ouvert chez eux. Toutefois, comme mistress Bradfort était très à son aise, qu'elle n'avait point de plus proche parent que M. Hardinge et qu'elle était très attachée à la famille, je ne doutai point que Rupert ne dît vrai, et je regrettai seulement qu'il ne se respectât pas davantage.

— Je suis fâché que vous ne veniez pas avec nous, répondis-je ; car je comptais sur vous pour aider à amuser les Mertons.

— Les Mertons ! à coup sûr, ils ne vont pas aller passer l'été à Clawbonny ?

— Ils partent demain avec nous. Qu'y a-t-il donc là qui vous étonne ?

— Mais, Miles, vous savez bien comment est fait le monde, et les Anglais en particulier. Ils sont à cheval sur l'étiquette, sur les convenances de rang et de fortune, vous savez bien... Oh ! je les comprends à merveille, à présent ; car je passe la plupart de mon temps dans le cercle des Anglais, vous savez bien.

Je l'aurais ignoré, que le langage de Rupert, et ces *vous savez bien*, dont il assaisonnait maintenant chaque phrase à l'imitation de ses nouveaux amis, qui n'étaient pas ce qu'il y avait de plus distingué en Angleterre, me l'auraient prouvé suffisamment. Sans doute il y avait dans le cercle dont il parlait des Anglais respectables, et ils en formaient même la base ; mais il suffisait d'être Anglais, de porter un habit convenable, et d'avoir un certain jargon, pour s'y faufiler ; et c'était surtout parmi ces intrus que Rupert, dont la position n'était pas encore bien établie, se trouvait admis.

— Clawbonny n'est pas une résidence princière, je suis prêt à en convenir, répondis-je après un moment d'hésitation, mais on peut y demeurer cependant. Il y a une ferme, un moulin et une bonne vieille maison en pierres de taille, aussi solide que commode, et qui a bien son mérite.

— C'est vrai, mon très cher, et j'adore tout cela comme la prunelle de mes yeux ; mais en fait de ferme, vous savez bien, les jeunes personnes aiment les bonnes choses qui en viennent, beaucoup plus que l'habitation elle-même. Je parle surtout des jeunes Anglaises... A propos, Miles, vos voyages sur mer ont eu cela de bon qu'ils nous ont fait connaître une créature charmante. Ses idées sur le sujet dont nous parlons sont aussi justes qu'un cadran solaire.

— Est-ce que miss Merton a jamais causé avec vous de ma profession, Rupert?

— Mais oui, et à plusieurs reprises, toujours d'un ton de regret. Vous savez aussi bien que moi, Miles, qu'être marin, à moins que ce ne soit dans la marine militaire, ce n'est pas une profession distinguée.

J'éclatai de rire à cette remarque, tant elle me parut bizarre et ridicule. Cette allégation que ma noble, ma brave profession, n'était pas une profession distinguée, me paraissait si ridicule, que je ne pus garder mon sang-froid. Toutefois, je ne tardai pas à reprendre mon sérieux.

— Ecoutez-moi, Rupert, lui dis-je; j'espère que miss Merton ne croit pas que j'aie voulu la tromper sur ma position véritable, en me faisant passer à ses yeux pour un plus grand personnage que je n'étais réellement?

— Je n'en répondrais pas. La première fois qu'elle m'en parla, elle avait, sur Clawbonny et sur votre domaine, des idées tout à fait anglaises, vous savez bien. Or, en Angleterre, un domaine donne une grande considération à celui qui le possède, tandis que la terre est si abondante chez nous que nous ne faisons pas attention à l'homme qui se trouve en posséder un peu.

— Mais qu'est-ce que miss Merton a de commun avec tout cela ?

— Miss Merton est anglaise, mon cher, et, entendant parler de vos terres, elle s'était fait des idées exagérées; mais j'ai tout expliqué; ainsi, soyez tranquille.

— Ah ! vous avez tout expliqué? Je voudrais bien savoir comment.

Rupert retira le cigare qu'il avait à la bouche, laissa s'évaporer la fumée par petites bouffées, leva le nez en l'air comme pour observer les astres, et daigna enfin me répondre.

— Comment? le voici, mon très cher. Je lui ai dit que Clawbonny était une ferme et non un domaine; c'était assez clair pour commencer, n'est-ce pas? Ensuite je lui ai appris le degré de considération dont jouissaient les fermiers chez nous. Emilie est une fille d'esprit, et elle comprend à demi-mot.

— Et miss Merton a-t-elle rien dit qui pût faire croire que ces explications me faisaient perdre dans son esprit?

— En aucune façon. Elle vous estime étonnamment; elle vous adore pour un marin ; elle vous regarde comme le Nelson, le Blake ou le Truxton de la marine marchande; mais, après cela, toutes les jeunes personnes regardent de très près à la profession, vous savez bien.

— Et Lucie, Rupert? croyez-vous, par exemple, qu'elle voudrait me voir avocat?

— Sans aucun doute ; avez-vous donc oublié combien de larmes elle versa, ainsi que votre sœur, à notre départ? c'était de chagrin de vous voir embrasser une profession si peu distinguée.

Je n'en crus rien, car je savais très bien que si ces chères enfants avaient pleuré alors, c'était de regret de nous voir partir ; mais depuis mon départ à bord de *la Crisis*, Lucie était devenue une grande demoiselle, et il pouvait s'être opéré de grands changements dans sa manière de voir. Quoi qu'il en fût, je n'avais pas le temps de pousser plus loin cette discussion, et j'y coupai court.

— Enfin, Rupert, dis-je d'un ton bref, viendrez-vous à Clawbonny, oui ou non ?

— Mais puisque vous dites que les Mertons sont de la partie, il faudra bien que j'y aille ; autrement, ce serait mal remplir les devoirs de l'hospitalité. Il faudrait tâcher, Miles, d'établir des relations avec quelques-unes des familles qui demeurent sur l'autre rive de l'Hudson ; il y en a de très respectables à quelques heures de distance de Clawbonny.

— Mon père, mon grand-père et mon bisaïeul ont su, pendant cent ans, se contenter des connaissances qu'ils trouvaient sur la rive occidentale, et quoique nous ne soyons pas tout à fait aussi *distingués* que l'autre rive, nous pouvons bien faire comme eux... Mais je vous préviens que le *Wallingford* met demain à la voile de grand matin pour profiter de la marée. J'espère que Votre Seigneurie ne se fera pas attendre ;

car, autrement, je pourrais bien être assez *ma-
nant* pour partir sans elle.

Je quittai Rupert avec une impression de
dégoût et de colère. Je l'ai déjà dit, j'admettais
très bien toutes les distinctions sociales. Ce qui
m'était sensible, c'était la défection supposée de
Lucie ; j'en étais humilié, confus, atterré. Je savais bien que Lucie était mieux apparentée que
moi ; c'était un avantage que je lui avais toujours reconnu ainsi qu'à Rupert, comme pour
faire oublier notre différence de fortune ; mais
jamais l'idée ne m'était venue que le frère ou la
sœur pussent en avoir moins de considération
pour moi.

Le lendemain matin tout le monde fut exact,
et nous partîmes à l'heure indiquée. Les Mertons
parurent contents des rives du fleuve, et, comme
nous avions le vent et la marée pour nous, nous
débarquions au moulin dans l'après-midi même.
On n'est jamais plus en train ni mieux disposé
que lorsqu'on vient de fendre rapidement l'eau ;
aussi Emilie était-elle d'une humeur charmante
pendant que nous gravissions la colline qui
s'élevait derrière le moulin. Je lui avais offert
mon bras, comme le voulait l'hospitalité, tandis
que les autres montaient chacun de leur côté.
Nous fûmes bientôt arrivés à un point d'où l'on
découvrait la maison, les prairies et le verger.

— Quoi, c'est là Clawbonny! s'écria Emilie dès que je les lui montrai. En vérité, c'est une très jolie ferme, capitaine Wallingford; c'est bien plus joli que vous ne me l'aviez représenté, monsieur Rupert.

— Oh! moi, je rends toujours justice à tout ce qui appartient à Wallingford, vous savez bien; nous avons été si unis dès l'enfance, qu'il n'est pas étonnant que nous le soyons encore.

Rupert disait plus vrai qu'il ne le pensait, car mon attachement pour lui n'avait plus guère d'autre base que l'habitude. Je commençais à espérer qu'il n'épouserait point Grace, quoique cette union eût été longtemps à mes yeux une chose décidée.

— Qu'il obtienne miss Merton, s'il le peut, dis-je en moi-même, ni l'un ni l'autre ne fera là une grande acquisition.

Il en fut bien différemment de M. Hardinge et, je dois ajouter, de Lucie. Dès que le bon ministre aperçut la chère vieille maison, il se tourna vers moi tout attendri pour me la montrer; puis, m'entraînant par le bras, sans s'inquiéter de miss Merton, il se mit à me parler vivement de mes affaires et de sa tutelle. Lucie lui donnait le bras de l'autre côté; et nous prîmes les devants tous les trois, pendant que Rupert venait ensuite entre Grace et Emilie, qui s'était retirée en arrière par discrétion. Le major Merton suivait appuyé sur son domestique.

— C'est vraiment un endroit charmant, Miles, dit M. Hardinge, et j'espère bien que vous ne songerez jamais à détruire une habitation si commode, si respectable, si antique, pour en construire une nouvelle?

— Dieu m'en préserve, mon cher monsieur! Cette maison, avec les additions qui y ont été faites, toutes dans le même style, nous sert depuis un siècle, et peut nous servir encore autant. Pourquoi en désirerai-je une autre?

— Pourquoi? c'est ce que je me demande. Mais à présent que vous êtes en quelque sorte commerçant, vous pouvez devenir riche, et désirer d'avoir une résidence.

— Cette folie a pu me passer par l'esprit quand j'étais enfant, mais aujourd'hui, je suis plus raisonnable. Et Lucie, qu'en pense-t-elle? Trouve-t-elle la maison suffisante?

— Ce sera à mistress Wallingford à en décider un jour, répondit la chère enfant en éludant la question.

J'aurais voulu surprendre le regard de Lucie pendant qu'elle disait ces mots; je me penchai un peu en avant; mais elle avait détourné la tête de manière à ne pouvoir être vue. M. Hardinge prit la balle au bond.

— En effet, Miles, dit-il avec toute la chaleur d'une affection désintéressée, il faudra bientôt songer à vous marier, Mais jamais n'épousez une femme qui voudrait vous faire quitter Clawbonny ; cette femme-là aurait un mauvais cœur !

CHAPITRE V

Les perles

Le lendemain j'étais sur pied de bonne heure ; et accompagné de Grace, qui n'était pas moins sensible que moi aux charmes de notre paisible demeure, je descendis au jardin, où je fus étonné de trouver déjà Lucie. J'en fus charmé, et mes yeux le lui exprimèrent vivement.

— Je ne m'attendais guère à vous trouver ici mangeant des groseilles à moitié mûres, Lucie, dit Grace. Il n'y a pas vingt minutes que vous étiez encore dans votre chambre, sans avoir commencé votre toilette.

— Les fruits verts de Clawbonny valent bien mieux que les fruits mûrs de ces horribles marchés de New-York ! s'écria Lucie avec un enthousiasme si naturel qu'il excluait toute idée d'affectation.

Grace sourit, et elle ajouta :

— Quel dommage que Miles ne pense pas comme nous, et qu'il veuille courir les mers, au lieu de passer le reste de ses jours dans la demeure où ses pères ont vécu si longtemps! N'est-ce pas, Lucie?

— Les hommes ne sont pas comme nous autres femmes, qui, quand nous aimons une chose, l'aimons de tout notre cœur. Non, non, les hommes préfèrent errer à l'aventure, faire naufrage, être abandonnés dans des îles désertes, plutôt que de rester tranquillement chez eux.

— Je ne suis pas surprise que mon frère aime tant les îles désertes, lorsqu'on y trouve des compagnes comme miss Merton.

— Faites attention, chère sœur, d'abord que la Terre de Marbre n'est pas une île déserte, et ensuite que c'est à Londres, dans Hyde-Park, et presque au milieu du canal, que je l'ai rencontrée pour la première fois.

— Il est assez étrange, Lucie, que Miles dans le temps ne nous ai jamais rien dit de tout cela. Quand on a le bonheur de retirer de l'eau une jeune personne, c'est bien le moins qu'on l'écrive à ses amis.

Grace parlait étourdiment et sans arrière-pensée ; et cependant ce peu de mots jeta du froid sur le reste de notre promenade. Lucie ne dit plus rien, je devins pensif et maussade ; la conversation languit, et nous ne tardâmes pas à rentrer.

Je fus occupé toute la matinée à parcourir la ferme avec M. Hardinge et à entendre ses comptes de tutelle. J'en connaissais déjà les résultats généraux, et *l'Aurore* était là pour me les rappeler ; mais il me fallut écouter les plus minutieux détails. M. Hardinge était l'homme le plus simple et le plus confiant du monde ; et si mes affaires avaient si bien tourné, il fallait l'attribuer à l'état prospère du pays à cette époque, au système de culture que mon père avait adopté de son vivant et aux choix excellents qu'il avait faits des personnes qui devaient le seconder. Si la chose eût dépendu des connaissances et de la direction du bon ministre, tout aurait été bientôt de travers.

— Je ne crois pas aux miracles, mon cher Miles, dit mon tuteur en s'admirant dans son ouvrage avec une bonhomie charmante ; mais je crois vraiment qu'il s'est opéré en moi un changement pour me trouver en état de faire face à à toutes les difficultés d'une position où les intérêts de deux orphelins m'étaient si subitement

confiés. Moi qui n'avais jamais acheté un bois-
seau de blé de ma vie, je suis parvenu à faire
toutes mes emplettes de grain sans trop de
peine.

— J'espère, mon cher monsieur, que le meu-
nier a fait tous ses efforts pour vous seconder de
son mieux?

— Morgan? oui, sans doute; il est toujours
prêt, et je ne manque jamais de l'envoyer au
marché, soit pour vendre, soit pour acheter. En
vérité ses conseils sont toujours si excellents que
je dirais qu'il a le don de prophétie, si ce n'était
un blasphême.

— Le vieil Hiram — c'était l'oncle de Neb —
n'a pas dû non plus vous être inutile ? Hiram a
beaucoup de bon sens à sa manière.

— Sans doute, Hiram et moi nous avons tout
fait, avec l'aide de la bonne Providence. En vérité, mon garçon, vous devez être satisfait de
votre lot sur la terre, car tout semble prospérer
autour de vous. Maintenant il faudra songer un
de ces jours à nous marier, pour transmettre
Clawbony à notre fils comme nous l'avons reçu
de nos pères.

— Et avez-vous quelque personne à me proposer pour ce poste important? dis-je en affectant de sourire, mais très curieux d'entendre la
réponse.

— Que pensez-vous de miss Merton, mon garçon? Elle est jolie, et cela plaît aux jeunes gens; elle a de l'esprit, et cela plaît aux vieillards; elle est bien élevée, et cela dure quand la beauté est partie; enfin, autant que j'en puis juger, elle est aimable, et c'est une qualité aussi nécessaire dans une femme que la fidélité. Aimable, Miles, entendez-vous? cherchez cela avant tout.

— Et qu'est-ce qu'une femme aimable, monsieur? Voyons, aidez-moi à la reconnaître.

— Très judicieuse question, mon ami, et qui demande une sérieuse réponse. C'est celle qui ne connaît point l'égoïsme, qui vit moins pour elle que pour les autres, ou du moins qui trouve son bonheur dans le bonheur de ceux qu'elle aime. Un bon cœur, des principes solides, voilà ce qui constitue la femme aimable, quoique l'humeur et le caractère y entrent aussi pour beaucoup.

— Et en connaîtriez-vous par hasard, je vous prie?

— Mais, votre sœur, par exemple, qui n'a jamais, que je sache, fait de peine à âme qui vive, la chère enfant!

— Vous conviendrez, mon excellent tuteur, que je ne puis guère épouser Grace.

— Et c'est tant pis, vraiment, car vous ne pourriez faire un meilleur choix, et je me verrais déchargé de toute responsabilité.

— Enfin, puisque la chose n'est pas possible, voyons, n'avez-vous pas quelque autre choix à m'indiquer ?

— Je vous parlais tout à l'heure de miss Merton, quoique je ne la connaisse pas assez bien pour vous dire de la prendre les yeux fermés. Tenez, pas plus tard qu'hier, je disais à Lucie, pendant que nous remontions le fleuve, et que vous faisiez admirer à miss Merton les beautés du paysage, que je pensais que vous feriez un des plus jolis couples de l'Etat, et en outre... Mais, voyez donc comme ce blé pousse, comme les épis sont pleins ! La récolte sera magnifique. En vérité, il y a une Providence en toutes choses ; car, d'abord, je voulais mettre le blé sur la colline qui est là-bas, et les pommes de terre ici ; mais le vieil Hiram, cédant à quelque inspiration miraculeuse, a voulu absolument mettre le blé dans la plaine et les pommes de terre sur la colline. Voyez aujourd'hui comme tout cela vient ! Dire que c'est un nègre qui a eu cette idée !

M. Hardinge, lui aussi, était presque étonné qu'un nègre eût des idées.

— Mais, monsieur, vous alliez m'apprendre ce que vous avez encore dit à Lucie ?

— C'est vrai, c'est vrai ; il est tout naturel que vous aimiez mieux m'entendre parler de miss

Merton que de pommes de terre. C'est ce que je dirai aussi à Lucie, n'en doutez pas.

— J'espère, monsieur, que vous n'en ferez rien, m'écriai-je tout alarmé.

— Et pourquoi donc, s'il vous plaît? quel crime y a-t-il dans un amour vertueux? Je ne manquerai pas de le lui dire, au contraire ; car, voyez-vous, Miles, Lucie vous aime autant que moi. Ah ! mon beau jeune homme, vous rougissez comme une jeune fille ! Il n'y a pas de quoi, cependant.

— De grâce, laissez là ma rougeur, et apprenez-moi ce que vous disiez encore à Lucie?

— Je lui disais... je lui disais... ma foi, je lui disais qu'après avoir été si longtemps seul avec miss Merton dans une île déserte, et ensuite à bord du même bâtiment, il serait bien étrange que vous n'eussiez pas pris de l'affection l'un pour l'autre. Il y a bien la différence de pays...

— Et de position, monsieur.

— Comment, de position? je n'en vois vraiment pas, qui puisse être un obstacle à votre union.

— Elle est fille d'un officier de l'armée anglaise, et je ne suis qu'un simple patron de navire. C'est une différence, n'est-il pas vrai?

— Eh bien ! dans tous les cas, Clawbonny est là, avec *l'Aurore* et tout l'argent comptant, pour rétablir l'équilibre dans la balance.

— Je crains que non, monsieur. Si j'avais voulu tenir un rang dans le monde, il m'eût fallu étudier le droit.

— Il y a un tas d'imbéciles dans le droit, comme partout, Miles, dit le bon vieillard avec une certaine chaleur; et si, quand vous étiez tout jeunes, Rupert et vous, je voulais vous faire étudier le droit, ce n'était pas par cette considération.

— Rupert n'avait nul besoin de se créer une position qui lui était assurée d'avance, comme fils d'un ministre respectable. Pour moi, c'était bien différent.

— Miles, voilà une étrange idée! Si quelqu'un devait porter envie à l'autre, ce serait plutôt Rupert; et j'ai craint quelquefois qu'il n'en fût ainsi.

— Je suis sûr qu'au fond du cœur, Rupert et Lucie savent parfaitement à quoi s'en tenir à ce sujet.

— Allons, mon bon ami, ne chicanons pas sur les mots; Rupert n'est pas toujours tout ce que je voudrais, et il n'est pas impossible, après tout, qu'il s'en fasse un peu accroire; mais, quant à Lucie, je puis vous assurer qu'elle vous regarde comme un second frère, et qu'elle vous aime exactement comme elle aime Rupert.

M. Hardinge était d'une bonhommie à toute

épreuve ; toutes les insinuations possibles eussent donc été perdues pour lui, et il fallait renoncer à en tirer autre chose. Je changeai donc de sujet, ce qui ne me fut pas difficile ; il me suffit de ramener la conversation sur les pommes de terre ; mais j'avais l'esprit troublé, car je n'étais pas sans inquiétude que le bon ministre, avec les meilleures intentions du monde, ne jetât quelques germes de mésintelligence entre sa fille et moi.

Ce jour-là, au dîner, je m'aperçus que Grace avait mis à profit son séjour à New-York pour introduire des améliorations sensibles dans toutes les branches de l'économie domestique. Du temps même de mon père et de ma mère, notre table était servie avec plus de soin que celles de la plupart des autres familles de l'Ulster, mais c'était dans les petits détails du service qu'il restait encore beaucoup à désirer. J'aurais voulu pour les Mertons que rien ne clochât sous ce rapport ; aussi éprouvai-je une agréable surprise en voyant comme tout était bien ordonné, et avec quelle aisance parfaite Grace faisait les honneurs de la table.

Emilie se montra satisfaite des prévenances dont elle était l'objet, et Lucie avait repris sa bonne humeur. Après que la nappe eut été enlevée, le major et M. Hardinge restèrent à causer entre eux tout en faisant honneur à la bouteille de madère qui leur avait été servie, et les jeunes gens passèrent au jardin pour respirer le frais. On s'assit sous le portique ; Rupert eut la permission de fumer un cigare, à la condition qu'il ne s'approcherait pas de quinze pas. Dès que le petit groupe fût installé, je disparus un instant, mais je ne tardai pas à revenir.

— Grace, dis-je aussitôt, je ne vous ai pas encore parlé d'un collier de perles que votre très humble serviteur a rapporté. Je ne voulais rien dire que...

— Oh ! Lucie et moi, nous savons tout, répondit Grace avec un calme désespérant ; si nous n'avons pas demandé à le voir, c'est pour ne pas nous faire accuser de curiosité. Nous attendions le bon plaisir de Monsieur.

— Mais qui a pu vous dire...?

— Ah ! c'est une autre question. Peut-être pourrons-nous y répondre quand nous aurons vu le collier.

— C'est miss Merton qui nous l'a dit, Miles, dit Lucie en me regardant avec douceur ; car elle voyait que je désirais vraiment une réponse, et la chère enfant était en peine de voir qu'on prolongeait mon anxiété.

— Miss Merton ! Alors, j'ai été trahi, et adieu ma surprise !

Quoique j'eusse l'air de prendre la chose en

plaisanterie, j'étais piqué et je le laissais voir malgré moi. Emilie se mordit les lèvres, mais ne dit rien. Grace se chargea de la défendre.

— C'est bien fait, monsieur, dit-elle vivement; vous aviez bien besoin de nous faire des surprises, et des surprises préparées de quinze mille milles encore ! Vous nous en avez déjà fait une assez grande, relativement à miss Merton !

— Comment donc ?

— Mais sans doute. Vous ne nous en dites pas un mot dans vos lettres, et nous voyons arriver tout à coup une jeune personne charmante. N'est-ce pas une surprise? Pour celle-là, je conviens que vous ne pouviez nous en faire de plus agréable; mais, pour des perles, fi donc !

Emilie crut enfin devoir intervenir.

— Le capitaine Wallingford connaît peu les jeunes personnes, dit-elle avec froideur, s'il suppose que quand on a vu d'aussi belles perles que celles qu'il possède, on n'en parlera pas.

— Voyons les perles, Miles, et ce sera votre meilleure excuse.

— Les voici donc ! convenez que vous n'en avez jamais vu de pareilles.

Dès que j'ouvris mon écrin, ce furent des transports d'admiration incroyables. Rupert lui-même, qui se piquait d'être connaisseur pour tout ce qui tenait à la toilette, jeta son cigare et se rapprocha de nous pour mieux voir. Il fut déclaré unanimement que New-York ne possédait rien de comparable. Je fis alors la remarque que je les avais pêchées moi-même dans la mer.

— Combien cette circonstance ajoute à leur valeur! dit Lucie à voix basse, mais avec sa manière franche et naturelle.

— C'était les avoir à bon marché, n'est-ce pas, miss Wallingford? ajouta Emilie avec une expression de malice qui ne me plut guère.

— Sans doute; mais, comme disait Lucie, pour nous elles n'en sont que plus précieuses.

— Si miss Merton veut bien oublier mon accusation de haute trahison, et consentir à mettre ce collier à son cou, vous en jugerez encore bien mieux, mesdames. Si un joli collier embellit une jolie femme, l'effet produit est réciproque. Je l'ai déjà vu à cette place, et je vous assure que ni l'un ni l'autre ni perdaient.

Grace joignit ses instances aux miennes, et Emilie consentit à mettre le collier. La blancheur éblouissante de sa peau donnait aux perles un lustre qu'elles n'avaient certainement pas auparavant. On ne savait ce que l'on devait le plus admirer, du bijou ou de la *monture*.

— Oh! qu'elles sont belles, à présent! s'écria Lucie dans sa naïve admiration. Oh! miss Merton, vous devriez toujours porter des perles.

— *Ces* perles, voulez-vous dire, observa Rupert, qui était toujours généreux avec la bourse des autres. Le collier ne devrait jamais quitter la place où il est à présent.

— Miss Merton connaît sa destination, dis-je avec enjouement, et les conditions du propriétaire.

Emilie détacha lentement le collier, le mit devant ses yeux et le regarda longtemps en silence.

— Et quelle est cette destination, Miles? demanda ma sœur; quelles sont les conditions à remplir?

— Pouvez-vous le demander? c'est à vous qu'il le destine, ma chère! quel emploi plus convenable pouvait-il en trouver?

— Vous vous trompez, miss Hardinge. Grace excusera pour cette fois mon égoïsme. Ce n'est pas à miss Wallingford que ce collier est destiné, mais à mistress Wallingford, s'il existe jamais une personne de ce nom.

— D'honneur, la tentation est double, mon cher, et je ne concevrais pas qu'on eût le courage d'y résister, s'écria Rupert en lançant un coup d'œil malin à Emilie, qui y répondit par un léger sourire.

— Miss Merton est trop bonne pour ne pas excuser une plaisanterie faite sans intention, répondis-je avec quelque raideur. Au surplus elle date de loin, puisque c'est sur la mer Pacifique que j'ai déclaré que les perles auraient cette destination. Mais heureusement, j'ai encore quelques perles en réserve, qui, sans être tout à fait aussi belles que celles du collier, ne sont pourtant pas indignes de votre attention, et je serais heureux, mesdemoiselles, de vous les voir partager. Il doit y en avoir assez pour faire une bague et une broche pour chacune de vous.

Je mis entre les mains de Grace une boîte qui contenait le reste de mon petit trésor. Au milieu de beaucoup de semence, il y avait quelques perles d'une belle grosseur.

— Allons, il ne faut pas être fière, dit Grace en souriant. Merci, monsieur, de votre générosité. Nous allons faire trois lots, et nous les tirerons au sort. Il y en a vraiment de superbes !

— Elles auront du moins une valeur à vos yeux, Grace, et peut-être aussi à ceux de Lucie ; c'est que je les ai pêchées de mes propres mains. Elles pourront en avoir une autre pour Miss Merton ?

— Et laquelle ?

— C'est de lui rappeler les dangers qu'elle a courus, le séjour qu'elle a fait à la Terre de Marbre, toutes scènes qui, dans quelques années, lui sembleront des rêves.

— Je ne prendrai qu'une seule perle à cette intention particulière, dit Emilie avec plus de sensibilité que je ne lui en avais vu montrer depuis qu'elle était rentrée dans le monde, si miss Wallingford veut bien la choisir pour moi.

— Allons, allons, reprit Grace avec son ton le plus insinuant : vous en prendrez une pour Miles et cinq pour moi. Il faut avoir au moins de quoi faire une bague.

— Je le veux bien ; mais croyez que je n'ai besoin d'aucun souvenir pour me rappeler tout ce que mon père et moi nous devons au capitaine Wallingford.

— Rupert, ajouta ma sœur, vous avez du goût, aidez-nous à choisir.

Rupert ne se fit pas prier. Il aimait à se mêler de semblables détails.

— Voyons un peu, dit-il ; d'abord il faut porter le nombre des perles à sept; cette belle au centre, et trois de chaque côté, diminuant graduellement de grosseur. Ce sera comme le Président, le Chef de justice, au milieu de ses juges *puînés*, comme nous les appelons à la cour. Mais, regardez, miss Merton, si le choix que j'ai fait pour vous n'est pas charmant? Heureux ceux que cette bague rappellera à votre souvenir !

— Vous serez du nombre, monsieur Hardinge; car vous vous êtes donné trop de peine, et vous avez montré trop de goût pour que je puisse l'oublier.

Lucie resta interdite. Il y avait si longtemps qu'elle s'était habituée à penser que Grace deviendrait sa sœur, que la révélation soudaine qui lui était faite des sentiments de Rupert pour Emilie lui fut sensible ; mais il n'y avait pas moyen d'en douter : ils se manifestaient trop clairement dans chacun de ses regards. Pour moi, j'étais loin de voir ce changement avec peine ; Rupert n'était pas le mari que je désirais pour ma sœur. Mais Grace penserait-elle comme moi ? Et son cœur si aimant ne serait-il pas cruellement déchiré ?

Quand Rupert eut terminé son choix, ce fut moi qui me chargeai de partager le reste. Je pris la boîte, je m'assis, et j'entrai en fonctions.

— Je vais faire le partage le plus impartial, dis-je en mettant successivement une perle d'un côté et une perle de l'autre ; car je n'ai point de préférence entre vous. Grace est pour moi comme Lucie, et Lucie comme Grace.

— Voilà qui vous met à l'aise, miss Hardinge, dit Emilie en adressant un sourire significatif à Lucie ; tant qu'on ne nous traite que comme des sœurs, il n'y a rien à dire ; nos marins ont encore beaucoup à apprendre, en fait de galanterie, quand ils mettent le pied sur la terre-ferme.

Je ne compris pas bien, mais Rupert se mit à rire aux éclats.

— Vous voyez, Miles, voilà ce que c'est que de n'être pas entré au barreau ! les dames n'apprécient pas bien le mérite du goudron.

— Je m'en aperçois, répondis-je un peu sèchement ; miss Merton a peut-être vu notre métier de trop près.

Emilie ne répondit rien ; toute son attention semblait concentrée sur les perles, et elle restait étrangère à tout ce qui se disait autour d'elle. J'achevai mon partage.

— Que ferons-nous maintenant ? ajoutai-je ; tirerez-vous au sort, ou vous en rapporterez-vous à mon impartialité ?

— Décidez pour nous, dit Grace ; vous avez fait les parts d'une manière si équitable que nous n'aurons jamais à nous plaindre.

— Eh ! bien donc, voici votre lot, Lucie, et voilà le vôtre, Grace.

Grace se leva, jeta ses bras autour de mon cou et m'embrassa de tout son cœur, comme elle l'avait toujours fait quand je lui avais offert quelque petit présent ; le profond attachement qui brillait dans tous ses traits me payait alors au centuple. Dans ce moment, peu s'en fallut que je ne lui donnasse le collier par-dessus le marché ; mais l'image de cette future mistress

Wallingford, qui flottait confusément devant mes yeux, m'en empêcha. Quant à Lucie, à ma grande surprise, elle reçut les perles, murmura quelques paroles à peine articulées, mais elle ne se leva pas même de sa chaise.

Emilie parut fatiguée de toute cette scène, dit que la soirée était superbe et proposa une promenade. Rupert et Grace acceptèrent avec empressement, pendant que Lucie attendait un chapeau qu'on était allé lui chercher ; pour moi, je m'étais excusé sur quelques lettres que j'avais à écrire dans ma chambre.

— Miles ! dit Lucie au moment où j'allais rentrer dans la maison, en me présentant la petite boîte de papier dans lequel j'avais mis ses perles.

— Voulez-vous que je vous les garde, Lucie ?

— Non, Miles, pas pour moi, mais pour vous, pour Grace, pour mistress Miles Wallingford, si vous le préférez.

En disant ces mots, Lucie ne semblait céder à aucun mouvement d'humeur ; c'était une simple prière qu'elle semblait m'adresser.

— Vous aurais-je blessée sans le vouloir Lucie ? dis-je, consterné.

— Songez, Miles, répondit la jeune fille, que nous ne sommes plus des enfants, et qu'à notre âge nous devons être plus circonspects ; ces perles sont d'un grand prix, et je suis certaine que mon père, en y réfléchissant, n'aimerait pas à me les voir accepter.

— Et c'est vous qui me parlez ainsi, Lucie ?

— Oui, mon cher Miles, dit la pauvre enfant, les larmes aux yeux, quoiqu'elle s'efforçât de sourire. Allons, reprenez ces perles, et nous serons aussi bons amis que jamais.

— Si je vous fais une question, Lucie, y répondrez-vous avec votre franchise, avec votre loyauté ordinaire ?

Lucie devint pâle, et elle réfléchit un instant.

— Pour que j'y réponde, il faut la faire, dit-elle enfin.

— Puisque vous faites si peu de cas de mes présents, sans doute vous n'avez plus le petit médaillon que je vous donnai avant de partir pour mon grand voyage ?

— Pardonnez-moi, Miles, je l'ai gardé, et je le garderai tant que je vivrai ; c'est un souvenir des jours heureux de notre enfance, et, à ce titre, il me sera toujours cher.

— Si ce n'était pas vous qui parliez, Lucie Hardinge, vous qui êtes la vérité même, je douterais de vos paroles, tant il me semble qu'on a d'étranges idées *à terre* en fait d'attachement !

— Ne doutez jamais de ce que je vous dis, Miles ; pour rien au monde je ne voudrais vous tromper.

— Je croirais plutôt que vous voulez me détromper, Lucie. Voyons, pourriez-vous me montrer ce médaillon ?

Lucie fit un geste rapide comme pour le prendre ; puis elle s'arrêta tout à coup, pendant que ses joues se couvraient de rougeur.

— Je vois ce que c'est, Lucie, vous ne l'avez plus, et il vous en coûte de l'avouer.

Le médaillon était en ce moment aussi près que possible du cœur de la chère enfant, et c'était la cause de sa confusion ; mais je n'en savais rien. Si j'avais fait quelques instances, elle se serait trahie, mais l'orgueil m'en empêcha, et je pris la boîte qu'on me présentait toujours, avec un geste, j'ose dire assez dramatique. Lucie me regarda fixement ; elle était vivement émue.

— Vous ne m'en voulez pas, Miles ? dit-elle.

— Comment ne serais-je pas douloureusement affecté ? Vous l'avez vu: Emilie Merton elle-même n'a pas refusé mon cadeau.

— Elle s'en est longtemps défendue ; et si elle a cédé, Miles, c'est qu'elle a été si longtemps avec vous, et dans des circonstances si pénibles, qu'il n'est pas étonnant qu'elle en veuille garder un léger souvenir jusqu'à ce que...

Elle hésita, mais elle n'acheva pas la phrase.

— Lucie, dis-je, quand je suis parti pour la première fois avec Rupert, vous m'avez donné votre petit trésor, tout ce que vous possédiez sur la terre...

— Oui, Miles, et de grand cœur ; car nous étions bien jeunes alors, et vous aviez toujours été si bon moi, que j'aurais été bien ingrate d'agir autrement ; mais maintenant, ajouta-t-elle avec un si doux sourire, que j'eus toutes les peines du monde à ne pas la presser sur mon cœur, nous sommes dans une position à n'avoir plus besoin de nous venir ainsi en aide.

— C'est possible ; mais jamais je n'oublierai ces chères pièces d'or.

— Ni moi mon médaillon ; mais ne trouvez pas mauvais que je reste fidèle aux recommandations de la bonne mistress Bradfort ; elle ne veut pas que Rupert et moi nous acceptions rien d'autres personnes que d'elle ; elle nous a adoptés en quelque sorte ; elle a mille bontés pour nous ; à cela près, Miles, nous sommes aussi pauvres que par le passé.

Combien j'aurais voulu que Rupert eût un peu de la noble susceptibilité de sa sœur, lui qui ne s'était point fait scrupule, malgré les défenses de ses parents, de puiser dans deux bourses à la fois ! La question d'argent n'était rien pour moi, mais c'était la question de délicatesse qui m'était sensible.

Lucie s'était enfuie dès qu'elle avait vu les

perles entre mes mains ; je n'eus d'autre alter-
native que de les réunir à celles de Grace, et de
les déposer toutes ensemble dans la chambre de
ma sœur, ainsi que celle-ci, en partant pour la
promenade, m'avait recommandé de le faire pour
les siennes.

Je résolus d'avoir le soir même avec Grace un
entretien confidentiel, afin de savoir à quoi m'en
tenir sur tout ce qui m'intéressait le plus au
monde, et notamment sur les prétentions de
M. André Drewett. L'avouerai-je ? Je regrettais
que mistress Bradfort eût rendu Lucie Hardinge
si indépendante ; il me semblait que l'abîme
ouvert entre nous s'en augmentait encore.

CHAPITRE VI

Dans la salle de famille

Il ne me fut pas difficile de mettre mon projet
à exécution. Il y avait à Clawbonny une salle
qui, de temps immémorial, avait été consacrée
à l'usage exclusif des chefs de la maison. Aussi
l'appelait-on « la salle de famille ». Du temps de

mon père, jamais je ne me serais permis d'y entrer sans être appelé spécialement ; et même alors j'éprouvais à la porte la même sensation que si j'eusse été sur le seuil d'une église. Ce qui lui donnait plus encore un caractère sacré à nos yeux, c'est que c'était là que les Wallingford étaient déposés dans leurs cercueils à leur mort, avant d'être conduits à leur dernière demeure. C'était une petite pièce triangulaire, avec une cheminée dans une coin, et une seule fenêtre qui donnait sur un buisson de roses, de lilas et de seringas. Autour de ce buisson régnait une petite haie circulaire, comme pour tenir à distance les indiscrets.

Pour préparer l'entrevue, j'avais glissé dans la main de Grace un petit billet où étaient écrits ces mots : « A six heures précises, dans la salle de famille. » C'était en dire assez : à l'heure indiquée, je me dirigeai vers la pièce en question.

Je commençai à réfléchir sérieusement à ce que j'avais à dire, et à la manière dont je m'y prendrais, pendant que je traversais le long passage qui conduisait à la salle de famille, ou au triangle, comme l'appelait mon père. Grace et moi, nous n'avions jamais eu de conversation que je pourrais appeler sérieuse. J'étais trop jeune pour y penser avant mon départ, et l'occasion ne s'en était pas présentée depuis mon retour. Je n'étais pas encore bien âgé, et j'avais une défiance de moi-même incroyable pour un marin. J'éprouvais beaucoup plus d'embarras à commencer un entretien d'une nature délicate, que je n'en aurais eu à manœuvrer un bâtiment pendant une tempête.

En entrant, je vis ma sœur assise sur la causeuse, le dos tourné à la fenêtre ouverte, tandis qu'une légère expression de curiosité se peignait dans ses yeux. La dernière fois que j'étais entré dans cette salle, c'était pour jeter un dernier regard sur les traits pâles de ma pauvre mère, avant que le cercueil se refermât sur elle. Tous les souvenirs de cette scène déchirante se représentèrent en même temps à notre mémoire. Je m'assis à côté de Grace, je passai un bras autour de sa taille, je l'attirai à moi ; et, laissant tomber sa tête sur ma poitrine, elle se mit à pleurer comme un enfant. Je ne fus pas plus maître de mon émotion, et plusieurs minutes se passèrent dans un profond silence. Enfin nous reprîmes un peu d'empire sur nous-mêmes, et Grace releva la tête.

— Miles, vous n'abandonnerez pas Clawbonny, n'est-ce pas ? me dit-elle. Vous ne détruirez jamais cette pièce consacrée ?

— Soyez tranquille, Grace. Mes idées se sont bien modifiées depuis quelque temps ; Clawbonny m'est plus cher que jamais, et les souvenirs qui s'y rattachent me deviennent plus chers à mesure que d'autres liens semblent se détacher et que de douces illusions s'évanouissent.

Grace se retira de mes bras et me regarda attentivement, et, à ce qu'il me sembla, avec une vive anxiété. Alors, pressant affectueusement une de mes mains entre les siennes :

— Mon cher frère, vous êtes bien jeune pour parler ainsi, dit-elle avec une expression de mélancolie que je ne lui avais jamais vue, beaucoup trop jeune pour un homme, quoique je craigne bien que nous autres femmes nons ne soyons nées que pour connaître la douleur !

Je n'eus pas la force de répondre, car je m'imaginais que Grace allait me faire quelque confidence au sujet de Rupert. Malgré la tendre affection qui existait entre ma sœur et moi, jamais nous ne nous étions dit un mot qui eût trait à nos relations respectives avec Rupert et Lucie Hardinge. Je soupçonnais depuis longtemps que Rupert, à qui les protestations ne coûtaient rien, avait ouvert son cœur à Grace il y a plusieurs années, et je ne doutais pas qu'ils ne se fussent donné mutuellement leur foi, quoique sans doute sous quelques conditions, telles que l'approbation de M. Hardinge et la mienne ; approbations qu'ils devaient regarder comme certaines. Cependant Grace ne s'en était jamais ouverte avec moi, et mes conjectures étaient basées sur des observations personnelles. D'un autre côté, je n'avais jamais parlé à Grace de mon attachement pour Lucie.

Un mois auparavant, lorsque la jalousie et la défiance n'étaient pas encore venues aiguiser mon amour, moi-même je savais à peine à quel point elle m'était chère ; car mon affection pour elle avait toujours été un sentiment si naturel, et qui paraissait participer si intimement de l'amitié d'un frère, que je n'avais jamais songé à l'analyser. C'était donc la partie la plus intime et la plus sacrée de nos cœurs qu'il s'agissait pour nous de mettre à nu dans ce moment solennel, et nous reculions l'un et l'autre devant cette révélation.

— Oh ! vous savez ce que c'est que la vie, Grace, lui dis-je avec une indifférence affectée, après un moment de silence ; aujourd'hui tout soleil, demain tout nuage... Je ne me marierai probablement jamais, ma chère sœur, et vous ou vos enfants vous hériterez de Clawbonny. Alors vous ferez ce que vous voudrez de la maison. En attendant, et pour laisser au moins une trace de mon passage, je vais donner des ordres pour qu'on rassemble les matériaux nécessaires pendant mon absence, et, l'année prochaine, je ferai bâtir l'aile du sud dont nous avons tant parlé, avec trois ou quatre pièces dont nous n'aurons pas à rougir de faire les honneurs à nos amis.

— J'espère, Miles, que vous ne rougissez de rien de ce qui compose aujourd'hui Clawbonny. Pour ce qui est de vous marier, c'est une question qui reste à examiner, mon cher frère. C'est un sujet sur lequel souvent on n'a pas encore des idées bien arrêtées à votre âge.

Cela était dit d'un ton qui voulait être plaisant, mais où perçait néanmoins un sentiment de tristesse qui me faisait mal. Grace s'aperçut sans doute de l'émotion que j'éprouvais, car elle ajouta aussitôt :

— Nous ferons mieux de changer de sujet. Voyons, Miles, dites-moi pourquoi vous avez désiré particulièrement de me voir ici ?

— Pourquoi ? Vous savez que je dois partir la semaine prochaine; et nous sommes maintenant d'un âge à nous communiquer nos pensées. Quand je ne vous vois qu'au milieu d'étrangers, comme les Mertons et les Hardinges, je ne puis parler librement à ma sœur.

— D'étrangers, Miles ! les Hardinges ! depuis quand les regardez-vous ainsi ?

— Tout ce que je veux dire, Grace, c'est qu'ils ne sont pas de notre famille.

— Et ne comptez-vous pour rien l'affection qui

nous unit dès l'enfance ? Je ne puis me rappeler un temps où je n'aie pas aimé Lucie Hardinge.

— Je partage vos sentiments; Lucie est une excellente fille. Mais comme la position des Hardinges se trouve changée, depuis que mistress Bradfort s'est prise tout à coup de belle passion pour eux !

— Tout à coup, Miles ? vous oubliez que vous avez été absent pendant des années, et que pendant cet intervalle on a eu tout le temps de se connaître et de s'aimer. Et puis M. Hardinge et mistress Bradfort sont les enfants de deux sœurs. La fortune de mistress Bradfort, qui s'élève à plus de six mille dollars de revenu en belles et bonnes maisons, vient de leur aïeul commun, qui ne laissa à mistress Hardinge qu'un legs insignifiant, pour la punir d'avoir épousé un ministre. M. Hardinge est l'héritier légal de mistress Bradfort, et il est assez naturel que cette dame songe à laisser ses biens à ceux qui, dans un sens du moins, y ont autant de droits qu'elle-même.

— Et suppose-t-on que Rupert sera son héritier ?

— Je le crois, et je crains bien que Rupert lui-même ne s'en croie sûr. Mais Lucie ne sera pas oubliée. L'affection que lui porte mistress Bradfort est très vive, si vive même que l'hiver dernier elle a offert positivement de l'adopter et de la garder auprès d'elle. Vous savez combien Lucie est bonne et affectueuse, et combien il est facile de l'aimer !

— Et pourquoi l'offre n'a-t-elle pas été acceptée?

— Ni M. Hardinge ni Lucie ne voulurent y consentir. J'étais présente à l'entrevue dans laquelle la discussion eut lieu; et notre excellent tuteur remercia sa cousine de ses intentions bienveillantes; mais il déclara avec sa simplicité ordinaire que, tant qu'il vivrait, il conserverait sa fille auprès de lui, à moins que ce fût pour la confier aux soins d'un époux.

— Et Lucie ?

— Elle est très attachée à mistress Bradfort, qui est au fond une excellente femme, quoique donnant un peu dans les travers du monde ; mais elle protesta de son côté, en se jetant dans les bras de sa cousine, qu'elle ne quitterait jamais son père. Je n'ai pas entendu, ajouta Grace en souriant, qu'elle ait fait comme lui une restriction en cas de mariage.

— Et comment mistress Bradfort a-t-elle reçu cet acte de résistance à ses volontés ?

— A merveille. On a fini par une transaction. M. Hardinge a consenti à ce que Lucie allât passer chaque hiver à New-York. Rupert, comme vous savez, y finit son droit, et il doit s'y établir dès qu'il sera reçu avocat.

— Et sans doute, depuis qu'on sait que **Lucie** doit hériter d'une partie du vieux domaine **de** Bleecker, ses chances de trouver un mari se **sont** encore accrues ?

— Lucie a trop de principes pour faire **parade** de ses conquêtes, même auprès de sa meilleure amie ; je ne suis donc pas dans sa confidence ; mais je me crois moralement sûre qu'elle a réfusé un parti il y a deux ans, et trois l'hiver dernier.

— M. André Drewett était-il du nombre ? demandai-je avec une précipitation que je me reprochai immédiatement.

Ma vivacité étonna Grace ; elle sourit, quoiqu'il y eût quelque chose de triste dans son sourire.

— Assurément non, répondit-elle ; autrement il ne serait plus sur les rangs. Lucie est **trop** franche pour laisser qui que ce soit dans l'incertitude ; aussi ceux qui, j'en ai la conviction, se sont déclarés ne paraissent-ils conserver aucune espérance. Quant à M. Drewett, ses assiduités sont trop récentes pour qu'il ait pu encore être refusé. Vous savez sans doute que M. Hardinge l'a invité à venir ici ?

— Ici ? André Drewett ? et pourquoi ?

— Je l'ai entendu qui en demandait la permission à M. Hardinge : vous connaissez notre cher tuteur, la bonté, la douceur même, et d'une simplicité telle qu'il ne suppose jamais plus qu'on n'en dit; aussi m'a-t-il été impossible de refuser. En même temps il aime M. Drewett, qui, à part quelques excentricités fashionables, est vraiment un jeune homme d'honneur et de talent. Une des sœurs de M. Drewett est entrée en se mariant dans une des meilleures familles qui demeurent sur l'autre rive de l'Hudson; il vient la voir tous les étés, et sans doute il profitera du voisinage pour venir à Clawbonny.

J'éprouvai un premier mouvement d'indignation; mais la raison reprit bientôt le dessus. Certes M. Hardinge était bien libre d'inviter qui il voulait pendant ma minorité; ma mère, en lui déléguant tous ses pouvoirs, lui en avait formellement donné le droit; mais c'était insulter si ouvertement à ma passion, que de faire venir dans ma propre maison un amant déclaré de Lucie, que je fus bien prêt de dire quelque sottise. Heureusement je me contins, et Grace ne sut jamais ce qu'il m'en avait coûté. Enfin Lucie avait refusé plusieurs partis; c'était déjà quelque chose; et je mourais de savoir quels étaient ces partis. Je crus du moins pouvoir risquer de le demander.

— Connaissez-vous les personnes que vous supposez que Lucie a refusées ? dis-je de l'air le plus indifférent qu'il me fut possible de prendre, affectant de détruire une toile d'araignée avec ma canne, et poussant la comédie jusqu'à siffler entre mes lèvres.

— Sans doute, et comment saurais-je quelque chose autrement, puisque Lucie ne m'en a jamais dit un mot ? Mistress Bradfort en a bien plaisanté un peu avec moi, mais elle n'était pas plus que moi dans sa confidence.

— Ah ! vous en avez plaisanté ! à merveille ! C'est une excellente plaisanterie en effet que de voir un pauvre diable perdre ainsi la tête, et de s'amuser de ses tourments !

— Votre remarque est vraie, Miles, et vos reproches sont fondés, dit Grace en changeant de ton. Nous autres femmes, nous ne traitons pas ce sujet assez sérieusement. Et pourtant je ne crois pas possible qu'on repousse une personne qui vous est sincèrement attachée, sans le plaindre du fond du cœur. Mais, tenez, votre sexe sent moins vivement que le nôtre, et il y a peu d'hommes qui meurent d'amour. Songez aussi que jamais Lucie n'a donné et ne donnera d'espérance à un homme qu'elle n'aimerait pas ; il n'a donc jamais pu exister de ces relations intimes, sans lesquelles le cœur ne saurait se prendre beaucoup. Une passion qui n'est produite par un échange de sentiments et de pensées n'est guère qu'une affaire de caprice ou d'imagination.

— Ainsi donc, je suppose que nos quatre prétendants sont radicalement guéris, à l'heure qu'il est ? dis-je en me remettant à siffler.

— Je ne saurais en répondre ; Lucie n'est pas une fille qu'on puisse oublier vite. Ce qui est certain, c'est qu'ils ne viennent plus en visites, et que, s'ils la rencontrent par hasard dans le monde, ils se conduisent à son égard comme doit le faire, à ce qu'il me semble, tout amant rejeté, qui continue à respecter l'objet de sa flamme. Sur les quatre dont je parlais, deux pouvaient être guidés par des considérations particulières, dans lesquelles la fortune et la position de mistress Bradfort entraient pour beaucoup ; mais les deux autres cédaient, je crois, à des sentiments plus désintéressés.

— Mistress Bradfort est tout à fait lancée dans le grand monde, Grace, et c'est une société à laquelle nous étions loin d'être accoutumés.

— Il est vrai, Miles. Jamais je ne m'étais vue au milieu de tant de personnes bien élevées, et il y aurait eu de quoi décontenancer une pauvre recluse qui n'était jamais sortie de Clawbonny, si M. Hardinge, qui, tout simple qu'il est, a l'instinct de tout ce qui est bien et distingué, ne nous avait pas averties d'avance ; et puis je crois vraiment que plus les personnes sont véritablement haut placées dans le monde, moins elles sont exigeantes pour tout ce qui n'est que de forme et de convenance.

— Et les prétendants de Lucie ? et Lucie elle-même ?

— Comment, Lucie elle-même ?

— Oui, quel accueil lui faisait-on ? était-elle bien fêtée, bien courtisée ? traitée d'égal à égal ? Et vous-même ?

— Lucie a toujours été reçue comme l'eût été la propre fille de mistress Bradford ; et quant à moi, je n'ai jamais supposé qu'on ne sût pas positivement qui j'étais.

— Fille et sœur de capitaines de bâtiments marchands ! dis-je avec un peu d'amertume.

— Oui, et fière de l'être, répondit Grace avec une affection marquée.

— Je suis bien tenté de vous faire une question, Grace, et je crois même que c'est mon devoir.

— S'il en est ainsi, vous pouvez compter sur une réponse immédiate.

— Y a-t-il quelqu'un de ces beaux messieurs, de ces doucereux damerets, qui ait jamais songé à vous faire des propositions ?

Grace se mit à rire et rougit si vivement, — oh ! qu'elle était belle ainsi avec ce teint de rose vraiment céleste ! — que je restai convaincu qu'elle aussi avait refusé des partis. Cette certitude calma en partie mon dépit, et j'éprouvai une sorte de plaisir presque sauvage à penser qu'elle avait appris à ce beau monde qu'il ne suffisait pas de demander une fille de Clawbonny pour l'obtenir. L'embarras qu'elle éprouvait fut sa seule réponse.

— Allons, je ne vous presserai pas sur ce chapitre, puisque je vois que cela vous contrarie, et que je crois savoir maintenant à quoi m'en tenir. Mais, voyons, dites-moi un peu : quelle est la fortune et la position de ce M. Drevett ?

— Mais très convenable l'une et l'autre, à ce que j'ai toujours entendu dire. Il passe même pour riche.

— Dieu merci ! celui-là du moins ne recherche pas Lucie par intérêt.

— Pas le moins du monde. Il est si naturel d'aimer Lucie pour elle-même, que même un coureur de dots pourrait bien être pris dans ses propres filets. Mais M. Drevett est au-dessus de pareilles manœuvres.

— Vous ne m'avez pas dit, Grace, repris-je, si vous pensez que Lucie voie ou non avec plaisir les attentions de ce monsieur.

Ma sœur me regarda un moment attentivement, comme pour reconnaître jusqu'à quel point je pouvais être intéressé personnellement à la question.

— Et que voulez-vous que je vous dise, Miles ?

me dit-elle enfin; si Lucie m'avait confié son secret, je ne devrais point la trahir; mais je vous répète que jamais elle ne m'a fait la plus légère confidence qui eût trait à l'amour.

— Jamais! m'écriai-je, lisant mon arrêt dans ce mot inexorable, car je croyais impossible, si elle m'avait réellement aimé, qu'elle n'en eût jamais laissé rien entrevoir dans ses épanchements intimes avec ma sœur... Comment, vivant toujours ensemble depuis l'enfance, vous ne vous êtes jamais confié l'une à l'autre vos petites préférences mutuelles?

— Jamais! répéta Grace d'un ton ferme, quoique son visage fût en feu. Contentes de notre affection réciproque, jamais nous n'avons eu de secrets que nous ayons cru convenable de nous confier.

Il y eut alors un long intervalle de silence, également pénible pour tous deux.

— Grace, dis-je enfin, je ne suis point jaloux de cet accroissement de fortune qui arrive aux Hardinges; mais je crois que nous serions restés bien plus unis et bien plus heureux s'il n'avait pas eu lieu.

Ma sœur trembla de tous ses membres et devint pâle comme la mort.

— Vous pouvez avoir raison à quelques égards, Miles, dit-elle après une pause, et cependant il y a peu de générosité à le supposer. Pourquoi désirerions-nous de voir nos plus anciens amis, ceux qui nous sont si chers, les enfants de notre excellent tuteur, moins bien traités que nous par la fortune? Il ne manque aux Hardinges que de l'argent pour tenir le premier rang dans notre pays, sous tous les rapports; pourquoi serions-nous assez égoïstes pour leur envier cet avantage? Dans quelque position que Lucie soit placée, elle sera toujours Lucie; et quant à Rupert, un jeune homme si brillamment doué n'a besoin que d'une occasion pour sortir de la foule!

Grace était de si bonne foi, il y avait tant de candeur, tant d'abnégation dans son accent que je n'eus pas le courage de pousser plus loin l'épreuve. Elle commençait à se méfier de Rupert, cela était évident, mais elle n'en était encore qu'aux soupçons. Il répugnait à une nature si pure, à une âme si vraie, de croire à la fausseté de celui qu'elle aimait depuis si longtemps. Pour ce qui concernait Lucie, elle n'avait que de simples conjectures, qu'elle n'aimait pas à me confier par discrétion pour son amie; et quant à ce qui lui était personnel, elle reculait devant l'idée de me révéler son grand secret. J'oubliais que je ne lui avais pas donné l'exemple, et que je n'avais pas mis à nu devant elle l'état de mon cœur; et cependant, moi, aucun motif de délicatesse ne m'engageait au silence! J'attendis un moment pour donner à ma sœur le temps de se remettre de son agitation, et je mis la conversation sur le chapitre de nos intérêts matériels.

— Grace, dis-je dans le cours de mes explications, avant que vous me revoyiez, j'aurai atteint ma majorité. Nous autres marins nous sommes exposés à plus de chances et à plus de hasards que les autres hommes, et il est bon de vous dire que, si quelque malheur m'arrive, on trouvera dans mon secrétaire mon testament, signé et cacheté, le jour même où je serai majeur. J'ai eu soin de le faire dresser par un jurisconsulte éminent, et je l'emporterai avec moi sur mer, dans cette intention.

— C'est me faire entendre que je ne dois pas porter mes vues sur Clawbonny, dit Grace avec un sourire qui indiquait combien la chose lui était indifférente. Vous en disposerez en faveur de notre cousin, Jacques Wallingford, votre plus proche héritier mâle, et vous ne pouvez mieux choisir.

— Non, chère sœur, c'est à vous que je le donne. Il est vrai que j'aurais pu laisser agir la loi; mais je veux qu'il soit bien connu que c'était ma volonté expresse. C'était, je le sais, l'intention de mon père, si je venais à mourir sans enfants avant ma majorité. Tout m'appartiendra à cette époque; et ce que j'aurai sera à toi, Grace, quand je ne serai plus.

— Voilà une conversation bien triste, Miles, et Dieu merci, je l'espère, bien inutile. En tout cas, Clawbonny vient tout autant des ancêtres de Jacques Wallingford que des nôtres ; et le mieux est que la ferme suive le nom. Je ne vous réponds pas de ce que je ferais, si j'étais libre à mon tour.

Ce Jacques Wallingford, dont je n'ai pas encore eu occasion de parler, était un homme de quarante-cinq ans, et célibataire. Il était cousin germain de mon père. Ses parents s'étaient fixés dans ce qu'on appelait alors les nouveaux pays, quelques milles à l'ouest de Cayuga Bridge, ce qui le mettait dans la partie occidentale de l'Etat de New-York. Je ne l'avais vu qu'une fois, un jour qu'il nous avait rendu visite en revenant de vendre quelques produits de ses terres. On disait qu'il avait de la fortune et qu'il n'attendait pas après la vieille propriété paternelle.

Après avoir échangé encore quelques phrases au sujet de mon testament, Grace et moi nous nous séparâmes, plus étroitement unis, à ce qu'il me semblait, depuis cette espèce de conseil dans la salle de famille. Jamais ma sœur ne m'avait paru plus digne de toute ma tendresse.

Le reste de la semaine se passa comme se passent la plupart des semaines à la campagne, pendant l'été. Me trouvant mal à l'aise auprès de Lucie, j'étais presque toujours dans les champs, prétextant la nécessité de commencer à m'occuper de mes affaires. M. Hardinge se chargea du major; les deux vieillards ne tardèrent pas à se plaire beaucoup ensemble. Ils avaient tant d'idées en commun sur une foule de points, que ce résultat n'avait rien d'étonnant.

La veille de mon départ, je fis appeler Neb et lui dis :

— Comptez-vous, Neb, me suivre à bord de *l'Aurore* ?

— Certainement, maître. Vous pas pouvoir penser aller en mer et laisser nègre à la maison.

Neb, en disant ces mots, poussa un éclat de rire qu'on aurait pu entendre à un mille de distance, comme si l'idée qu'il exprimait était le comble du ridicule.

— Eh bien ! Neb, j'y consens; mais ce sera le dernier voyage pour lequel vous aurez besoin de me consulter; car, dès que je serai majeur, je signerai l'acte de votre liberté.

— Quel acte ?

— L'acte qui vous constituera votre maître, qui vous rendra libre. On dirait que vous ne savez pas ce que je veux dire. N'avez-vous jamais entendu parler de nègres libres ?

— Oui, pauvres diables, eux. Si vous jamais prendre Neb à être un nègre libre, vous avoir la bonté de le lui dire, maître !

Ce fut alors un nouvel éclat de rire tout aussi bruyant que le premier.

La question se trouva ainsi décidée. Neb reçut l'ordre de se tenir prêt pour le lendemain, et à l'heure marquée je vins prendre congé de mes amis. C'était la troisième fois que je m'éloignais du toit de mes pères.

Il avait été convenu que le major et Emilie resteraient à la ferme jusqu'au mois de juillet, et qu'alors ils iraient aux Sources pour prendre les eaux.

J'avais passé une heure seul avec mon tuteur, et il n'eut autre chose à me dire qu'à me souhaiter toutes sortes de prospérités, et à me donner sa bénédiction. Je ne m'approchai pas pour embrasser Lucie ; c'était la première fois que nous nous séparions sans nous donner cette preuve d'affection. Elle me présenta pourtant la main avec sa franchise ordinaire, et je la serrai vivement en lui disant adieu. Quant à Grace, elle sanglota dans mes bras, comme elle le faisait toujours ; le major et Emilie me secouèrent cordialement la main, en me disant que je les trouverai à New-York à mon retour. Rupert m'accompagna jusqu'au sloop.

— Ecrivez-nous, dès que vous trouverez une occasion, Miles, me dit mon ancien ami. J'ai une vive curiosité d'apprendre quelque chose de la France et des Français ; et il ne serait pas impossible que d'ici à peu de temps je pusse la satisfaire par moi-même.

— Par vous-même !... Si vous avez l'intention de visiter la France, que ne venez-vous avec moi ? Est-ce pour affaires que vous iriez ?

— Non, par pur plaisir. Notre excellente cousine pense que quand on tient un certain rang dans le monde, on doit voyager ; et je crois qu'elle a l'idée de me faire attacher à la légation sous un titre ou sous un autre.

Rupert Hardinge, qui naguère n'avait pas un sou vaillant, parlait maintenant de faire son tour d'Europe et de devenir secrétaire de légation ! Il me semblait que j'avais le vertige.

Rupert ne resta pas longtemps à bord, et dès qu'il fut parti, je mis à la voile. En longeant les bords escarpés de la crique, tout couverts de broussailles, je cherchai si je ne verrais pas au moins Grace ; mon espoir ne fut pas trompé. Elle était venue avec Lucie par un sentier de traverse, à la pointe que nous devions doubler pour entrer dans l'Hudson. Au moment où le sloop passa devant elles, elles agitèrent leurs mouchoirs, comme pour me témoigner leur intérêt, et j'y répondis en leur envoyant baisers sur baisers ; rien ne rend hardi comme la distance.

En ce moment une embarcation à voiles passa devant nos bossoirs, et je vis un monsieur debout, qui s'évertuait de son côté à agiter son mouchoir, comme moi à baiser ma main. Un coup d'œil m'apprit que c'était André Drewett, qui dirigeait son canot vers la pointe ; et l'instant d'après je le vis mettre pied à terre et saluer Grace et Lucie. Le canot remonta la crique, sans doute avec le bagage de son maître, tandis qu'au moment où je le perdis de vue, Drewett venait de prendre avec les deux amies le chemin de Clawbonny.

CHAPITRE VII

Marbre lâche le froc.

Roger Talcott ne s'était pas endormi pendant mon absence. En arrivant, je trouvai les écoutilles de *l'Aurore* fermées, l'équipage réuni ; il ne restait, en un mot, qu'à appareiller, c'est ce que je fis le jour même.

Plusieurs des matelots de *la Crisis* s'étaient embarqués de nouveau avec nous; les pauvres diables avaient trouvé moyen de manger leur paie et leurs parts de prises en moins d'un mois ! Pour qui connaît l'imprévoyance ordinaire des marins, il n'y avait rien là de surprenant.

Les Etats-Unis étant alors en paix avec toutes les puissances, Tripoli excepté, il n'était plus nécessaire que les bâtiments fussent armés. Ce n'était plus la guerre, c'était le commerce, qui allait être le but de tous nos efforts. J'avais à bord une seule pièce de six, quelques mousquets, une paire ou deux de pistolets, avec juste ce qu'il fallait de munitions pour apaiser une révolte, faire quelques signaux ou tuer quelques oiseaux de mer.

Nous mîmes à la voile le 3 juillet nous dirigeant sur Bordeaux. La brise du sud était juste ce qu'il fallait pour nous permettre de gouverner le bâtiment, et nous profitâmes du reflux pour descendre le fleuve.

J'aurais voulu n'avoir point de passagers. Il me semblait que c'était porter atteinte à la dignité de ma profession et me réduire au niveau des aubergistes et des logeurs de profession. Je voulais commander un bâtiment, et non prendre des hôtes qu'on est obligé de traiter avec de certains égards, et qui, dans un sens, sont vos supérieurs. Cependant il y aurait eu de la dureté et une sorte d'inhospitalité à refuser un homme respectable qui pouvait ne pas trouver une autre occasion avant un mois, et qui avait un besoin pressant de partir. Ce fut ce qui m'arriva. Mes anciens armateurs m'amenèrent un M. Brigham, Wallace Mortimer Brigham, pour lui donner tous ses noms, qui voulait aller en France avec sa femme et sa belle-sœur, pour passer de là en Italie, à cause de la santé de sa femme, qu'il croyait sensiblement altérée.

Il me fallut prendre ces passagers, et nous n'étions pas sortis de la baie que j'avais déjà eu un échantillon de leurs caractères. C'était un commérage continuel et du plus bas aloi. Ils n'é-taient jamais plus heureux qu'en parlant des affaires secrètes de leur prochain ; et comme il arrive toujours en pareil cas, les neuf dixièmes de leurs allégations ne reposaient que sur des conjectures plus ou moins hasardées, des bruits dont ils ne connaissaient pas même la source, et qu'ils ne s'étaient même pas donné la peine de vérifier.

Mes passagers ne tardèrent pas à se faire con-naître. Les dames se nommaient Sarah et Jane ; et grâce à elles et à Wallace Mortimer, que d'in-térieurs de familles me furent révélés, avec plus ou moins d'exactitude! Je me rappelle encore la

première scène de l'acte premier de cette comédie, qui se prolongea pendant toute la traversée
sans autre interruption qu'un tout petit entr'acte
de quelques jours, que nous dûmes au mal de
mer.

— Wallace, dit Sarah, ne nous avez-vous pas
dit que John Viner avait refusé de prêter vingt
mille dollars à son gendre pour le tirer d'embarras, et que celui-ci avait dû faire faillite par
suite de ce refus?

— Sans doute. On ne parlait que de cela hier
dans Wall Street, et tout le monde le croit. Oui,
personne n'en doute; mais tous les Viners sont
ainsi faits. Dieu merci, dans notre partie du
monde, chacun sait ce qu'il faut penser des Viners.

— Cela ne m'étonne pas, reprit Jane. J'ai entendu dire que le père de ce John Viner avait
couru une fois à toutes jambes d'un bout de Boston à l'autre, pour échapper à un créancier de
ce même fils, qui eut aussi des malheurs dans sa
jeunesse.

Ils continuèrent à passer en revue toutes les
personnes et toutes les familles dont le nom se
présenta à leur souvenir, quoiqu'ils parussent
ne rien s'apprendre mutuellement, et j'avais pris
le parti de ne plus les écouter, quand le nom de
mistress Bradfort frappa mon oreille.

— Le docteur Hosack pense qu'elle ne peut vivre longtemps, à ce que j'ai entendu dire, s'écria Jane, tout enchantée de pouvoir tuer quelqu'un, pourvu qu'elle y trouvât matière à médisance ; sa maladie est un cancer ; c'est une chose décidée, et elle a fait son testament mardi dernier.

— Seulement mardi dernier ! s'écria Sarah, toute surprise. J'avais entendu dire qu'il y avait un an qu'elle l'avait fait, et qu'elle laissait tous ses biens au jeune Rupert Hardinge, dans l'espoir, pensaient quelques personnes, qu'il l'épouserait.

— Mais, mistress Brigham, dis-je en souriant, est-il bien certain d'abord que mistress Bradfort désire épouser Rupert Hardinge ?

— Je ne connais pas assez intimement les parties intéressées pour pouvoir prononcer avec une entière assurance, capitaine ; cependant...

— Allons, ma chère Sarah, dit Jane en intervenant, vous vous faites par trop ignorante. Vous savez combien nous sommes intimes avec les Greens, et ils sont au mieux avec les Winters, qui sont voisins de porte de mistress Bradfort. Je ne vois pas comment on pourrait être plus à portée de bien connaître les faits.

Le hasard voulait que j'eusse appris par Grace qu'une vieille personne assez maussade, du nom de Green, demeurait porte à porte avec mistress Bradfort ; mais que ces dames ne se voyaient pas, parce qu'elles fréquentaient des sociétés toutes différentes.

— Sans doute que personne n'est plus à portée que nous de savoir ce qui se passe à New-York, dit la femme ; cependant, après tout, on peut se tromper. J'ai entendu dire qu'il y a un vieux M. Hardinge, qui est ministre, et qui serait un beaucoup meilleur parti pour la dame que son fils. Au surplus, tout cela importe peu maintenant, puisque mistress Bradfort n'a plus long-temps à vivre. Je le tiens de mistress John Foote, qui le tenait du docteur Hosack, qui lui avait donné tous les détails de la maladie.

— Je n'aurais jamais cru qu'un médecin aussi distingué que le docteur Hosack pût trahir ainsi les secrets de ses malades, dis-je avec un peu d'aigreur.

— Aussi n'en a-t-il rien fait, reprit vivement Sarah ; il est malin comme un renard, mais il avait affaire à fine mouche, et mistress Foote a su lui tirer les vers du nez sans qu'il s'en doutât, en procédant par négations.

— Comment, par négations ? je ne comprends pas.

— Sans doute, ajouta la matrone avec ce sourire de complaisance qui dénote le sentiment d'une certaine supériorité intellectuelle. Avec un peu d'habitude, on peut s'assurer d'un fait par négation aussi bien que par affirmation. Le tout est de savoir s'y prendre.

— Ainsi, c'est par négation seulement qu'on a constaté la maladie de mistress Bradfort.

— Assurément ; mais que faut-il de plus ? dit le mari. Quant à son testament, je suis aussi sûr qu'elle l'a fait la semaine dernière que de mon existence. Je le tiens d'un ami intime.

Ainsi donc, voilà des étrangers qui n'avaient passé qu'une nuit à New-York, pour chercher un bâtiment, et qui en savaient plus sur une famille que les membres mêmes qui la composaient ! Mais nous n'étions pas au bout.

— Je suppose que miss Lucie Hardinge gagnera quelque chose à la mort de mistress Bradfort, reprit miss Jane, et qu'elle et M. André Drewett se marieront assitôt que les convenances le permettront.

Il y avait là de quoi donner sérieusement à penser, dans la disposition d'esprit où je me trouvais. Les noms étaient exacts ; quelques-uns des incidents, sinon vrais, du moins probables ; et cependant comment des étrangers pouvaient-ils être si bien instruits ? Le commérage, avec toutes ses inventions, tous ses artifices, tous ses mensonges, toutes ses cruautés, a-t-il donc tant d'avantages sur les relations intimes des honnêtes gens entre eux, qu'il finit par découvrir des faits qui échappent à des témoins oculaires, même lorsque ceux-ci ont le plus grand intérêt à ne pas se laisser tromper ?

Je me sentis plus malheureux que jamais. Je méprisais ces gens-là. Rien n'était plus facile ; mais il n'était pas aussi aisé d'oublier tout ce qu'ils disaient. Ce qui fait que les personnes qui parlent à tort et à travers sont un si grand fléau, c'est qu'on ne sait jamais ce qu'on doit croire ou ne pas croire. Malgré tout mon dégoût et ma ferme détermination de ne point leur fournir de nouveau sujet de commérage, j'eus beaucoup de peine à me soustraire à leurs questions sans fin. Je suis sûr qu'ils ne tirèrent rien de moi par voie d'affirmation ; mais je crains bien qu'ils n'aient été plus heureux par celle de la négation.

Ces sortes de gens sont si infatigables, qu'à la longue ils vous prennent toujours en défaut. Ainsi, ils finirent par découvrir que M. Hardinge était mon tuteur, que Rupert et moi nous avions passé notre jeunesse ensemble, et que Lucie demeurait chez moi au moment de mon départ. Ces premiers renseignements ne firent qu'allumer leur désir d'en savoir davantage, et je fus circonvenu de toutes les manières ; mais je me retranchai si bien dans le système négatif, que

5

mes inquisiteurs finirent par me laisser tranquille. Je reconnus bientôt qu'ils n'avaient fait que changer de batterie, et qu'ils avaient entrepris Neb, pour se mettre au courant de mes affaires.

J'ai anticipé un peu sur les événements, pour en finir avec les Brighams; enfin, comme je l'ai déjà dit, favorisé par la brise, *l'Aurore* franchit la barre vers deux heures, et, avant le coucher du soleil, j'étais de nouveau en pleine mer.

J'étais charmé de mon bâtiment, qui était encore meilleur voilier que je ne l'avais espéré. Les dix premiers jours de notre traversée furent des plus heureux, et alors nous étions déjà au milieu de l'Océan. Je n'eus, pendant ce temps, d'autre sujet d'ennui que les éternels cancans de mes passagers.

Fut-ce en punition d'avoir à bord une pareille engeance, ou par quelque autre cause? ce qui est certain, c'est que le temps changea. Le vent commença à souffler par bouffées, tantôt d'un point de l'horizon, tantôt de l'autre, et il nous fallut diminuer beaucoup de voiles, pour ne pas être pris au dépourvu; enfin, ces fantaisies capricieuses des éléments se terminèrent par un coup de vent terrible, tel que j'en ai rarement vu.

Le vent commença à souffler du sud-ouest pendant plusieurs heures, nous faisant fuir devant lui à raison de onze nœuds. Comme la mer s'éleva, et que notre voilure fut encore réduite, notre marche se ralentit peut-être un peu ; mais nous n'avions pas fait moins de cent milles dans les dix premières heures ; le temps était clair, doux, sans nuage, et il n'y avait rien de désagréable à sentir les rapides courants d'air qui passaient sur nos têtes en tourbillonnant. Au coucher du soleil, l'aspect de l'horizon ne me plut pas, et nous ne laissâmes que les trois huniers avec un ris pris, la misaine et le petit foc. C'était une faible voilure, pour un bâtiment qui avait le vent presque au-dessous de ses lisses de couronnement.

A neuf heures on prit les seconds ris, et à dix, on serra le perroquet de fougue. Je descendis alors dans la chambre, regardant le navire comme en sûreté et recommandant aux lieutenants de diminuer encore de voiles, si le bâtiment leur paraissait tourmenté par les lames ou la mâture en danger, et de m'appeler à la moindre alerte. On me laissa tranquille toute la nuit, mais le matin, Talcott vint me mettre la main sur l'épaule en me disant :

— Vous ferez bien de monter, commandant, nous avons un grain, et je voudrais avoir votre avis.

C'était un grain, en effet, et des plus violents.

Quand j'arrivai sur le pont, *l'Aurore* n'avait que la misaine et le petit hunier, avec tous ses ris pris, voilure qu'on peut porter longtemps, quand on court devant le temps, mais qui était beaucoup trop pour nous dans la circonstance. Je donnai sur-le-champ l'ordre de serrer le hunier. Malgré le peu de surface qui était exposé, la prise offerte par ce peu de toile, dès que les cargues-points furent mollis assez pour lui donner du jeu, ébranlèrent jusqu'à la quille du navire. Ce fut un miracle que le mât résista et que nous pûmes rouler la toile ; je crus un moment que nous ne pourrions la détacher de la vergue qu'en la coupant.

Talcott était monté sur la vergue, et je le voyais gesticuler comme pour montrer qu'il voyait quelque chose à l'avant. Les vagues s'élevaient si haut qu'elles nous masquaient l'horizon ; mais en montant dans les agrès de l'artimon, j'entrevis les mâts d'un bâtiment à l'est du nôtre, et tout à fait dans notre direction. Il était à sec de voiles, courant devant nous le plus droit qu'il lui était possible, mais faisant d'affreuses embardées ; tantôt venant en travers sur bâbord, en courant risque d'être jeté sur le côté ; tantôt s'élançant à bâbord, de telle sorte que sa mâture semblait s'abaisser sur nous. Je n'aperçus sa coque qu'une seule fois, dans un instant où

Il s'éleva sur une vague en même temps que *l'Aurore*, et je crus qu'il allait être lancé dans les airs, quoique ce fût un navire au moins aussi grand que le nôtre. Il était évident que nous nous en approchions rapidement, bien que les navires fissent même route.

L'Aurore gouvernait merveilleusement, ce qui est une très grande qualité pour un bâtiment dans la position où nous étions. Nous n'avions qu'un seul homme au gouvernail, et il suffisait pour le diriger. Je pouvais voir qu'il n'en était pas de même du navire qui était devant nous, et je m'imaginai qu'il s'était mépris en carguant toutes les voiles. Talcott et les matelots qui étaient dans les mâts n'étaient pas encore descendus, que nous reçûmes un avertissement que nous ferions bien d'imiter la prudence du bâtiment inconnu.

Plus d'une fois, les vagues se précipitèrent sur le pont de *l'Aurore*, et alors, comme toute autre embarcation, elle s'élançait d'un bord sur l'autre, ou plutôt son arrière se précipitait en avant, comme pour devancer les bossoirs. Dans ces occasions, le bruit fait par le petit foc, qui se tendait tout à coup, ressemblait à la détonation d'un petit canon. Il en était de même de la voile d'artimon, qui, abritée un moment, quand le bâtiment entrait dans le creux de la lame, s'enflait tout à coup avec un bruit semblable à celui que feraient mille couvertures lançant en l'air, au même instant, autant de Sancho-Pança.

Jusqu'alors la toile et son gréement avaient soutenu ces rudes assauts admirablement bien ; mais, au moment où Talcott redescendait avec ses hommes, *l'Aurore* fit une de ces brusques embardées ; le foc se gonfla avec un bruit terrible, et il s'envola sous le vent, arraché de la ralingue, comme s'il eût été coupé avec des ciseaux. Devenue le jouet de la tempête, la voile, fut poussée en avant pendant un quart de mille, jusqu'à ce que, tournant sur elle-même, comme un cerf-volant qui a perdu sa queue, elle vînt tomber dans l'eau. Je n'aimais pas non plus les gonflements terribles de la voile d'artimon qui ne se détendait un moment que pour s'enfler de plus belle, et qui menaçait à chaque instant de briser toutes les ralingues.

— Il faut serrer cette voile, monsieur Talcott, lui dis-je, ou nous perdrons quelque chose. Je vois que le navire qui est devant nous est à sec de voiles, et il est grand temps d'en faire autant. S'il ne m'en coûtait pas de perdre un pareil vent, il serait plus prudent de mettre en panne. Mettez sur-le-champ du monde aux cargues-fonds et aux cargues-points, et attendez un moment favorable.

Nous avions conservé longtemps notre voilure ; c'était un défaut de jeune homme. Toutefois, comme j'étais déterminé à diminuer de voiles, nous nous y préparâmes tout de bon, et avec toutes les précautions exigées par les circonstances. Tous les hommes qu'on put épargner furent placés aux cargues-fonds et aux cargues-points, avec ordre de faire de leur mieux au signal donné. Le premier lieutenant se mit à l'amure et le second à l'écoute ; je devais serrer moi-même la voile.

J'attendis que nous fussions dans le creux de la lame, et alors, au moment où *l'Aurore* était ensevelie entre deux montagnes d'eau, quand il était impossible de voir à cent verges autour de soi dans aucune direction et que la voile fouettait le mât, je donnai le signal d'usage ; chacun se mit à haler, comme s'il y allait de sa vie, et nous avions réussi à guinder assez bien les cargues-points, quand le navire sortit de l'abîme pour se présenter à la tempête et la reçut avec toute sa furie dans la voile qui s'était tendue tout à coup. Tout s'envola en un instant comme une toile d'araignée, il ne restait que des lambeaux. Cet accident me mortifia, en même temps qu'il m'inquiétait.

Mais il fallait mettre tout orgueil de côté, et songer à pourvoir à la sûreté du navire. Le vent avait toujours augmenté de violence ; les morceaux de voile qui restaient attachés à la vergue, ainsi que les poulies, étaient secoués de côté et d'autre, de manière à menacer la vie de ceux qui en approchaient. C'était seulement dans les intervalles où *l'Aurore* s'abîmait dans le creux des lames ; car, lorsqu'elle était soumise à toute l'influence de la bourrasque, jamais flamme ne flotta plus régulièrement sur un mât que ces pesants lambeaux sur la vergue de misaine. Il était urgent de s'en débarrasser, et Talcott venait de s'offrir pour monter sur la vergue, à cet effet, quand Neb s'élança, sans ordre, dans les agrès, et fut bientôt hors de la portée de la voix. Le nègre intrépide courut plus d'un danger, et il faillit recevoir sur la tête les poulies d'écoutes ; mais il réussit à tout détacher et à ne laisser sur le mât que la ralingue de la tilière ; il est vrai qu'il ne fallait pas de grands efforts, les fils de la toile semblant se présenter d'eux-mêmes au couteau.

Dès que *l'Aurore* fut à sec, quoiqu'il lui en eût coûté deux de ses voiles, j'eus le loisir de regarder l'autre bâtiment ; il était à plus d'un demi-mille en avant, faisant de terribles embardées et plongeant jusqu'à fleur d'eau l'extrémité de ses basses vergues. Quand je fus plus près et que je le vis mieux, je reconnus que c'était un bâtiment anglais, frété pour les Indes-Occidentales. Il me parut pesamment chargé, autant que j'en pouvais juger, car tantôt sa quille semblait ensevelie dans les ondes, et tantôt le cuivre dont il était recouvert brillait au soleil, comme le vase étincelant que frotte avec soin la bonne ménagère.

Maintenant que *l'Aurore* n'avait plus de voiles, elle ne courait pas aussi vite qu'auparavant; elle gagnait cependant l'autre navire, mais il lui fallait une heure pour n'en être plus qu'à une encablure. Nous vîmes alors de près de quelle manière les éléments peuvent se jouer d'une masse de bois et de fer, telle qu'un navire, quand ils entrent en fureur. Il y avait des instants où je voyais presque la moitié de la quille du bâtiment, quand il montait couvert d'écume sur la crête d'une vague, comme pour s'élancer vers les cieux, puis tout à coup il s'enfonçait à une telle profondeur, que c'était à peine si on voyait ses hunes. Quand les deux navires s'abîmaient en même temps, nous n'apercevions plus notre voisin, quoiqu'il fût si près.

En reparaissant à la surface, après un de ces plongeons effrayants, nous le vîmes tout à coup, à notre grande frayeur, embardant directement sur nous, et à environ cinquante brasses de distance. C'était à peu près à cette distance que je comptais passer, bien loin de m'attendre à trou-

ver l'autre bâtiment si complètement sur ma
oute. Deux voitures, lancées en sens contraire,
au galop furieux de coursiers emportés, n'auraient pas présenté, à beaucoup près, un spectacle aussi effrayant que celui que nous avions
alors devant les yeux.

L'Aurore plongeait en avant avec une violence à tout briser, si elle eût rencontré le moindre obstacle, et elle s'écartait assez pour rendre
le passage périlleux ; mais l'autre navire empira
encore la situation. Quand je le vis à une si dan-
gereuse proximité, il offrait presque son travers
à la lame, et il sautait sur le sommet d'une montagne d'écume, en passant sous notre avant.
L'instant d'après, il fit une nouvelle embardée
vent arrière, et je pouvais distinguer ses hunes
droit devant nous. Il s'était lancé à bâbord ; j'a-
vais eu l'intention de le passer de ce côté ; mais,
voyant qu'il gouvernait si mal, je crus plus sage
de prendre la direction opposée. Aussi vite que
les mots pouvaient être prononcés, je criai de
mettre la barre à bâbord.

Le commandement fut exécuté ; mais, au moment où *l'Aurore* obéissait à cette nouvelle influence, l'autre bâtiment en fit autant, et nous
gouvernâmes tous deux à tribord précisément
au même instant. Je n'eus que le temps de crier
de mettre la barre toute à tribord ; une minute

de plus, et nous tombions tête baissée sur le navire anglais. Même alors nous ne pouvions voi
sa quille que par intervalles ; mais la proximit
effrayante de ses mâts dénotait toute l'étendu
du danger. Par bonheur, le hasard nous fit pren
dre des directions contraires ; autrement, notr
perte commune était certaine. Mais autre chos
était, par une mer aussi furieuse, de choisir un
route, autre chose de la suivre.

Au moment où nous nous élevions sur la dernière lame, qui nous séparait l'un de l'autre
l'Anglais était presque devant nous ; je vis qu
ce serait à peine si nous élongerions sa hanch
de bâbord. Notre barre étant déjà toute à tribord
il n'y avait plus rien à faire ; s'il faisait un nouvel écart à bâbord, nous le couperions infailli
blement en deux. Comme je l'ai dit, il avait mi
sa barre à bâbord, mais lentement, et avec un
espèce de répugnance. Il s'écarta un peu ; alor
nous avançâmes, et, si le roulis ne nous eût pa
fait incliner chacun d'un côté opposé, nos agrè
se seraient mêlés.

Au moment où les deux bâtiments étaient en
traînés en sens contraire, lorsqu'ils n'étaient pa
à cent pieds de distance, un cri de Talcott me f
courir au couronnement ; et qui vis-je debout su
la poupe de l'autre navire, agitant son chapeau
notre ami Moïse Marbre !

CHAPITRE VIII

Cancans sur cancans

Les équipages des deux navires étaient si pressés de s'éloigner l'un de l'autre, qu'on courait alors dans le creux des lames. La même idée parut se présenter en même temps à mon esprit et à celui de l'autre capitaine. Au lieu de continuer à laisser porter, l'un mit la barre toute à bâbord, l'autre toute à tribord, et nous vînmes tous deux au vent, quoique avec des amures différentes.

Vers le soir, la tempête diminua de violence, et la mer commença à tomber. Si nous avions été seuls, je n'aurais pas hésité à reprendre ma première route ; mais le désir de parler au bâtiment étranger, et d'avoir des nouvelles de Marbre, était si vif que je ne pus m'y décider. Je résolus donc de m'attacher à suivre le navire anglais, pour échanger au moins quelques mots avec mon ancien ami.

Je craignis un moment que l'Anglais n'eût l'intention de rester toute la nuit comme il était;

mais une heure avant le coucher du soleil, j'eus la satisfaction de lui voir établir sa voile d'artimon et pousser au large. J'avais viré vent arrière deux heures auparavant pour être aux mêmes amures, et je le suivis à sec de voiles. Comme il déploya bientôt son grand hunier avec tous les ris pris, puis son petit hunier, je pus faire aussi un peu de voiles pour ne pas rester en arrière.

Nous naviguâmes ainsi toute la nuit ; et, le lendemain matin, les deux navires étaient sous toutes voiles par une brise modérée du nord et une mer assez calme. Le bâtiment anglais nous restait à environ une lieue sous le vent et un peu de l'avant ; dans cette position, il était facile de l'accoster ; aussi, au moment où les équipages allaient descendre pour déjeuner, *l'Aurore* alla se ranger sous la hanche sous le vent de l'Anglais. Je le hélai suivant l'usage.

— Quel est ce navire?

— *Le Dundee,* capitaine Robert Ferguson. Quel est ce navire?

— *L'Aurore,* capitaine Miles Wallingford. D'où venez-vous?

— De Rio-de-Janeiro, à destination de Londres. Et vous?

— De New-York allant à Bordeaux. Nous venons d'avoir un fameux grain.

— Vous pouvez le dire ; j'en ai rarement **vu** de pareil. Vous avez un bâtiment qui tient joliment la mer.

— Je n'ai pas lieu d'en être mécontent, et il vient de faire ses preuves. Dites-moi, n'avez-vous pas à bord un Américain nommé Marbre? Nous pensons avoir vu hier sur votre poupe la figure d'un de nos anciens camarades, et nous vous avons suivis pour avoir de ses nouvelles.

— Oui, oui, répondit le capitaine en nous saluant de la main, il ira vous voir dans un instant ; il est en bas à faire son paquet, et je pense qu'il vous demandera de le prendre à bord **pour le** conduire aux Etats-Unis.

Ces mots n'étaient pas plutôt prononcés que Marbre parut sur le pont et agita son chapeau en signe de reconnaissance. C'en était **assez** ; maintenant que nous nous entendions, les **deux** bâtiments se donnèrent de l'espace et mirent en panne ; notre canot fut mis à la mer, et Talcott se rendit à bord du *Dundee* pour y chercher notre vieil ami ; on fit un échange de nouvelles et de journaux, et vingt minutes après j'avais la satisfaction de serrer la main de Marbre.

Dans le premier moment il était trop ému pour parler ; il donnait des poignées de main à tout le monde, et il semblait aussi surpris que charmé de nous trouver réunis en si grand nombre. Je fis porter son coffre dans la chambre, puis je vins m'asseoir à côté de lui sur les cages à poules, pour entendre son histoire, dès qu'il serait en état de la raconter ; mais il n'était pas facile de me débarrasser de nos passagers.

Pendant la tempête, ils n'avaient pas dit un mot et j'avais eu quelque répit ; mais dès que le vent se tut, ce fut à leur tour de parler, et ils recommencèrent de plus belle. Marbre était venu sur notre bord d'une manière si étrange, et il était si évident qu'il y avait là quelques secrets à surprendre, que tous les trois vinrent se poster près du dôme de l'échelle, de manière à ne point perdre un seul mot de notre conversation. Vouloir chercher une autre place sur le pont, c'eût été folie, nous aurions été suivis, et ils en auraient toujours entendu assez pour inventer le reste ; ces sortes de gens ne se piquent pas d'être fort scrupuleux.

Je pris mon parti, je dis à Marbre et à Talcott de me suivre, et incontinent je montai dans la grande hune ; nous nous y assîmes tous les trois, aussi à notre aise que trois commères qui viennent de finir leur dernière tasse de thé, qui attisent le feu, et qui rapprochent leurs têtes pour commencer un nouveau feu de file. Grâce à Dieu, ni Sarah ni Jane ne pouvaient nous suivre là !

— Qu'ils aillent au diable ! dis-je un peu crûment, car il y avait vraiment de quoi faire perdre patience à un saint ; nous voici à une distance convenable, et je ne crois pas qu'ils soient tentés de venir rôder par ici pour nous entendre. Wallace Mortimer lui-même trouverait la montée un peu rude.

— S'ils arrivent, dit Talcott en riant, nous pouvons encore battre en retraite sur les barres de perroquet, et puis enfin sur la vergue de cacatois.

— Je comprends, dit Marbre en clignant l'œil d'un air malin ; chacune de ces personnes a des oreilles pour quatre, n'est-ce pas, Miles ?

— Oui ; et ajoutez des langues pour quarante, le signalement sera complet... Et maintenant que nous sommes ici, mon cher Marbre, vous sentez que nous brûlons de savoir tout ce qui vous est arrivé. Talcott et moi, nous sommes vos amis dévoués, et nous n'avons rien l'un et l'autre qui ne soit à vous.

— Merci, mes braves garçons, merci du fond du cœur, répondit l'excellent homme en s'essuyant les yeux avec le revers de sa main ; je vous connais, je sais que vous le feriez comme vous le dites. Vous avez bien fait, Miles, de monter dans cette hune infernale, car je ne voudrais pas que ces harpies de terre vissent un homme de mon âge, qui n'a point quitté la mer depuis quarante ans, ruisseler comme une baleine qu'on harponne. Eh bien donc, c'est le livre de loch qu'il faut vous mettre sous les yeux, n'est-ce pas?

— Oui, et nous ne vous ferons pas grâce d'une page. Entrez dans les mêmes détails que si vous aviez à régler un sinistre avec quelque compagnie d'assurance.

— Allons, il faut vous satisfaire, et je ne tournerai pas autour du pot, quoiqu'il en coûte d'en venir à parler de son obstination et de sa folie. Ainsi donc, vous m'avez cherché, n'est-ce pas, le jour où le bâtiment quitta l'île?

— Sans doute, et nous supposâmes que vous étiez fatigué de l'épreuve, avant même de l'avoir commencée, et que vous étiez parti avant nous.

— Vous aviez raison d'un côté et tort de l'autre; voici comment : Quand vous m'eûtes laissé, je commençai à généraliser sur ma position. — « Moïse, mon vieux, dis-je à part moi, ces gens-là ne consentiront jamais à partir et à te laisser là, dans l'île, comme un infernal ermite. Si tu veux tenir bon et faire le Robinson Crusoé, il faut te tenir à l'écart jusqu'à ce que *la Crisis* ait mis à la voile. » — Tiens! à propos, mes amis, qu'est donc devenu le vieux navire? on ne m'en a pas encore parlé?

— Il prenait un chargement pour Londres quand nous sommes partis, les armateurs se proposant de lui faire recommencer le même tour.

— Et ils ne vous en ont pas donné le commandement à cause de votre jeunesse, malgré tout ce que vous aviez fait pour eux?

— Ils me l'ont offert, et avec instance; mais j'ai préféré un bâtiment qui m'appartînt: *l'Aurore* est ma propriété.

— Grâce à Dieu, il y aura enfin un honnête homme parmi les armateurs! Et *la Crisis* s'est-elle bien conduite? Les pirates vous ont-ils tourmenté?

Voyant qu'il serait inutile de chercher à savoir un mot de son histoire avant qu'il fût au courant des exploits de *la Crisis*, je fis à Marbre le récit complet de notre traversée depuis le moment de notre séparation jusqu'à notre arrivée à New-York.

— Et ce polisson de schooner que le Français nous donna par charité?

— *La Polly?* Elle est rentrée au port saine et sauve, a été vendue, et est employée aujourd'hui au commerce des Grandes-Indes. Mais savez-vous qu'il y a une jolie somme qui vous attend à New-York? quatorze cents dollars tout au moins, pour vos parts de prise et votre paie.

Marbre ouvrit de grands yeux. Il n'est pas dans la nature de l'homme d'être insensible à l'argent.

Je vis que cette somme, pour lui si considérable, était un nouveau lien qui l'attachait à la vie, et qu'il se croyait beaucoup plus heureux depuis qu'il la possédait. Il me regarda fixement pendant une minute, puis il me dit avec l'expression d'un regret sincère .

— Miles, si j'avais une mère, cet argent pourrait assurer le bonheur de ses vieux jours! pourquoi donc l'argent vient-il à ceux qui n'ont pas de mère!

J'attendis un moment que son émotion fût calmée, puis je le pressai de reprendre son histoire.

— Je vous disais donc, n'est-ce pas, que je me mis à généraliser sur ma situation, dès que je me trouvai seul dans la hutte. J'en vins à la conclusion qu'on m'enlèverait de force, si je restais jusqu'au lendemain. Je montai donc dans la chaloupe, je la sortis du bassin, je doublai le récif, et je poussai au large. Au point du jour, l'île n'était plus en vue ; seulement j'aperçus le haut des cacatois au moment où vous veniez d'appareiller. Tant que je les distinguai, je me tins coi ; et enfin, quand vous fûtes bien loin, je revins prendre possession de mes domaines, où il n'y avait plus personne pour contredire mes volontés ou pour combattre mes caprices.

— Ah! je suis bien aise de vous entendre parler ainsi. C'était un caprice en effet, ce n'était

point de la raison. Vous n'avez pas tardé à découvrir votre erreur, mon vieux camarade, et vous
avez commencé à penser au pays?

— Il est bien vrai, Miles, que je n'avais ni
père ni mère, ni frère ni sœur, mais j'avais une
patrie et des amis, quoique j'eusse pu dire. La
tablette de marbre sur laquelle j'avais été trouvé
dans l'atelier me devint tout aussi chère qu'un
berceau d'or peut l'être au fils d'un roi. Et puis,
je pensais à vous et aux autres. Je soupirais
après vous comme une mère soupire après ses
enfants.

— Pauvre ami! vous étiez bien isolé en effet!

— Dans les premiers moments j'eus bien à
m'occuper de la basse-cour; mais au bout d'une
semaine, je découvris que des poules et des co-
chons ne sont pas la compagnie qu'il faut à
l'homme. Et puis, je m'étais figuré que je serais
seul dans l'île; mais j'éprouvai, à mes dépens,
que le diable s'était mis à mes trousses. Voyez-
vous, Miles, on a beau faire, il faut toujours regarder devant ou derrière soi. Devant? je n'avais
rien à voir; derrière? quelle consolation pouvais-je trouver à repasser mes vieux péchés?

— Je commence à comprendre votre embarras, mon bon ami; mais comment en êtes-vous
sorti?

— En m'en allant. Vous aviez mis la chaloupe

française en parfait état ; je n'eus qu'à remplir les barils d'eau fraîche, à tuer un cochon et à le saler, à mettre à bord une provision de biscuits, et vogue la galère ! Pour les légumes, vous savez qu'il n'en manquait pas, et je n'eus qu'à choisir ! Je suis sûr qu'à l'heure qu'il est, il reste encore vingt caisses de sucre en parfait état au fond de la cale du bâtiment naufragé et sur la côte. J'en ai nourri mes poules tout le temps de mon séjour.

— Ainsi donc, vous avez abandonné la propriété de la Terre de Marbre à la basse-cour ?

— Oui, Miles, et j'espère que les pauvres bêtes y vivront tranquilles. Je leur ai transmis bien et dûment tous mes droits, et je suis parti deux mois après vous.

— La traversée n'a pas dû être beaucoup plus amusante pour vous que le séjour à terre ? vous n'en étiez pas moins seul ?

— Que dites-vous ? fi ! est-ce qu'un marin est jamais seul sur mer ? est-ce qu'il n'a pas son bâtiment à surveiller ? Sur terre, c'est différent ; ne faire que généraliser nuit et jour, sans voir d'issue d'aucun côté, cela finit par porter à la tête, et on ne serait plus bon qu'à aller finir ses jours à Bedlam. Mais, sur mer, il y a toujours à faire.

— Vous étiez à douze ou quinze cents milles de toute île habitée, et c'est une grande distance à parcourir, quand on est seul.

— Oh ! voilà que vous philosophez! on voit bien que vous êtes maintenant propriétaire et capitaine tout à la fois. Qu'est-ce qu'une course de douze ou quinze cents milles, quand on est dans une bonne chaloupe, et qu'on a du biscuit et de l'eau à discrétion? Une misère, et voilà tout. Seulement, il y avait les sauvages qu'il fallait éviter. Je courais tout le jour, et aussi une bonne partie de la nuit, jusqu'à ce que le sommeil me gagnât ; et alors je mettais en panne sous ma grande voile à laquelle j'avais pris des ris, et je dormais comme un mylord. Je n'eus pas un mauvais moment à passer après être sorti du récif; et une des heures les plus délicieuses de ma vie ce fut celle où le sommet des arbres de l'île disparut dans l'Océan.

— Et votre navigation dura-t-elle longtemps?

— Sept semaines. Je passai bien devant une demi-douzaine d'îles, mais toutes de la nature de celle que je venais de quitter. Bien obligé! on ne m'y reprendra plus. Je lançai au large ma bonne chaloupe, et nous nous promîmes bien de ne plus nous quitter.

— Enfin où êtes-vous débarqué?

— Nulle part, pour le moment. Je rencontrai un bâtiment de Manille qui allait à Valparaiso. Le capitaine me prit à bord et m'y conduisit. Là, je m'embarquai sur un navire qui allait à Buenos-Ayres, d'où un caboteur me conduisit à Rio.

— Et de là vous vous êtes embarqué sur *le Dundee* pour Londres, jusqu'à ce qu'il se présentât une occasion pour les Etats-Unis ?

— Un devin ne dirait pas mieux. Je restai plusieurs mois à Rio, travaillant dans ma partie pour l'un ou pour l'autre, espérant toujours voir arriver quelque Yankee. Perdant enfin patience, je m'embarquai à bord du bâtiment écossais; d'où je suis passé sur votre bord.

Ainsi se termina l'histoire de Moïse Marbre, et celle de sa colonie, à la basse-cour près. Ce fut alors mon tour à être sur la sellette. J'eus à répondre à une foule de questions, dont quelques-unes étaient assez embarrassantes. Quand Marbre apprit que le major et miss Merton demeuraient pour le moment à Clawbonny, il fit un signe d'intelligence à Talcott, qui sourit de son côté. Lorsque ce fut le tour de Neb, il fut appelé à la hune pour qu'il eût à répondre lui-même, et que Marbre pût échanger encore une poignée de main avec lui. Notre ancien lieutenant ne se sentait pas de joie de se retrouver au milieu de nous tous.

— Savez-vous, Miles, savez-vous, Roger, s'écria-t-il, que je suis ici comme chez moi, et que je ne veux plus entendre parler de vos infernaux ermitages ! Du diable si maintenant j'oserais passer seul à travers un bois. J'ai besoin d'avoir toujours une figure humaine sous les yeux. C'est que je n'entends plus être abandonné. Il faut me prendre pour maître d'hôtel, Miles ; vous me fourrerez où vous voudrez.

— Si jamais nous nous séparons encore, ce sera votre faute, mon vieil ami. Que de fois j'ai pensé à vous ! Je parlais encore de vous à Talcott dans la dernière tempête, et nous nous demandions quelles voiles vous auriez été d'avis de faire porter au bâtiment ?

— Les vieilles leçons ont fructifié, mes amis ; je m'en suis bien aperçu. *L'Aurore* a un vrai loup de mer pour capitaine, et le vent n'a pas beau jeu avec lui !

Il fut convenu que Marbre commanderait un quart, et qu'il ferait à bord tel service qu'il jugerait convenable. Quand Talcott serait capitaine, ce qui ne pouvait tarder longtemps, disait-il, alors il serait mon premier lieutenant à la vie et à la mort. Je pris la chose en plaisanterie, tout en lui disant qu'il était mille fois le bienvenu, et je lui donnai le sobriquet de Commodore, ajoutant que ce serait en cette qualité qu'il serait sur mon bord.

Quant a la question pécuniaire, il y avait un sac de dollars dans la chambre, et il pouvait y puiser à volonté. La clef de la cassette serait toujours à sa disposition. Personne ne fut plus content de cet arrangement que Neb, qui s'était pris de passion pour Marbre depuis le jour où celui-ci l'avait amené par l'oreille du fond de la cale du *John*.

— Ah ça, Miles, quels animaux infernaux avez-vous donc pour passagers? demanda Marbre en regardant avec curiosité du haut de la hune le trio qui se promenait sur le pont. C'est la première fois de ma vie que je vois un capitaine obligé de grimper au mât pour pouvoir parler en liberté.

— C'est que vous n'avez jamais voyagé avec la famille Brigham, mon ami. Dans vingt-quatre heures, ils sauront toute votre histoire; où vous êtes né, quand vous m'avez rencontré pour la première fois, quels voyages vous avez faits; enfin toutes vos aventures passées, présentes et futures.

— La chose ne sera pas si facile que vous voulez bien le croire. Voyez-vous; j'ai navigué six semaines avec une vieille fille du Connecticut, et je défierais le plus adroit questionneur, à présent.

La conversation se prolongea encore quelque temps, puis nous descendîmes tous, et je présentai Marbre à mes passagers; après quoi, les choses reprirent leur cours ordinaire. Toutefois, dans le courant de la journée, j'entendis ce court dialogue entre Brigham et Marbre, les dames étant beaucoup trop délicates pour questionner un marin si grossier.

— Vous êtes venu à bord assez inopinément, à ce qu'il me semble, capitaine Marbre? dit le monsieur en commençant.

— Mais pas du tout. Il y a plus d'un mois que je m'attends à rencontrer *l'Aurore*, juste à cet endroit.

— Voilà qui est singulier! Je ne conçois pas comment une pareille chose peut se prévoir.

— Connaissez-vous la trigonométrie sphérique, monsieur?

— J'avoue que je ne suis pas fort dans les sciences ; je sais un peu de mathématiques, mais voilà tout.

— Alors il serait inutile de chercher à vous expliquer la chose. Si vous aviez su la trigonométrie, je vous l'aurais démontré aussi clairement que deux et deux font quatre.

M. Brigham n'était pas un sot. Il comprit la leçon, et ne fit plus de questions à Marbre. Il se rejeta sur Neb ; mais celui-ci avait reçu ses instructions, et il s'y conforma si scrupuleusement que je crois en vérité qu'au moment de notre séparation, quinze jours après, nos passagers n'avaient fait aucune nouvelle découverte. Je fus charmé d'en être délivré.

Arrivé à Bordeaux, après avoir déchargé ma cargaison, j'en cherchai une nouvelle. J'avais d'abord eu l'intention de retourner à New-York pour célébrer l'époque où j'atteindrais ma majorité; mais j'avoue que les caquetages de ces Brighams avaient considérablement diminué mon désir de me retrouver si vite à Clawbonny. On vint alors m'offrir de transporter à Cronstadt en Russie une cargaison de vins et d'eaux-de-vie, et j'acceptai. Les négociants les mieux informés comptaient peu sur la continuation de la paix, et une maison de commerce crut plus prudent de transporter son entrepôt dans la capitale du czar. On choisit de préférence un navire américain, comme étant meilleur voilier, et comme devant être très probablement neutre, si des troubles venaient à éclater à un moment imprévu.

Je partis pour la mer Baltique à la fin du mois d'août. La traversée fut longue, mais paisible, et j'arrivai à bon port. Pendant que j'étais à Cronstadt, le consul des Etats-Unis et les consignataires d'un bâtiment américain, dont le capitaine et le second étaient morts des suites de la petite vérole, vinrent me demander Marbre pour reconduire le navire à New-York. J'eus beau le presser d'accepter : il refusa obstinément.

Je proposai alors Talcott, qui après quelques

négociations prit le commandement de *l'Hyperion.*

Il m'en coûtait de me séparer de lui; mais il y avait un tel avantage pour mon jeune ami, que je ne pouvais hésiter. *L'Hyperion* partit aussitôt, et j'ai le regret d'ajouter que jamais je n'en entendis plus parler. Marbre voulut prendre la place de Talcott, et il devint mon premier lieutenant, comme j'avais été le sien.

Après un peu d'attente, je pris du fret pour le compte du gouvernement russe, et j'appareillai pour Odessa. On pensait que la sublime Porte laisserait passer un bâtiment américain; mais, arrivé aux Dardanelles, je reçus l'ordre de rebrousser chemin, et je dus laisser ma cargaison à Malte, qui devait être alors rendue à ses anciens chevaliers, aux termes du dernier traité. De Malte je me dirigeai sur Livourne, pour y chercher fortune.

Tous ces voyages m'avaient pris du temps, et quand j'arrivai à Livourne, on était déjà à la fin de mars. J'écrivais à Grace et à M. Hardinge toutes les fois qu'il se présentait une occasion favorable; mais, moi, je ne pouvais recevoir de leurs nouvelles, car ils n'auraient su où m'adresser leurs lettres. Ainsi, tandis que mes amis savaient assez exactement ce que je faisais, j'étais dans l'ignorance complète sur ce qui les concernait. J'en éprouvais un grand tourment, je ne chercherai pas à le cacher.

Pendant que je courais les mers, M. André Drewett avait le champ libre; mais cette dernière considération me touchait moins, ou, plutôt j'en éprouvais une sorte de satisfaction désespérée. Quant à mes affaires d'intérêt, comme j'étais majeur depuis le mois d'octobre, j'envoyai une procuration à M. Hardinge, convaincu qu'il continuerait à s'en occuper avec la sollicitude qu'il n'avait jamais cessé de montrer depuis le jour de la mort de ma pauvre mère.

On ne trouvait pas facilement du fret à Livourne, au moment où *l'Aurore* y arriva. Après quinze jours d'attente, on m'offrit cependant un chargement pour les Etats-Unis; mais l'arrimage se faisait lentement; je laissai Marbre pour le surveiller, et j'entrepris une petite excursion en Toscane ou dans l'Etrurie, comme on l'appelait alors.

Je visitai Pise, Lucques, Florence, et quelques autres villes intermédiaires.

A Florence je restai une semaine, m'amusant à regarder toutes les curiosités. La galerie et les églises absorbèrent une grande partie de mon temps, et, un jour que je visitais la cathédrale, qu'on juge de ma surprise en entendant mon nom prononcé par une voix de femme, sur un diapason assez élevé. Je me retourne. J'étais en présence des Brighams !

Ce fut en une minute un déluge de questions. Où avais-je été ? où était Talcott ? où était le bâtiment ? quand devais-je partir, et pour où aller ? Enfin vinrent les confidences. On venait de Paris ; on avait vu le consul de France ; on avait dîné avec M. Livingston, qui négociait alors le traité de Louisiane ; on avait vu le Louvre, puis Genève, puis le lac ; on avait été à Milan et à Rome ; on avait vu le pape ; Naples ; le Vésuve ; on avait été à Pœstum ; enfin on était revenu à Florence.

Je me croyais sauvé ; mais je n'en étais pas quitte.

Ce fut ensuite le tour des Etats-Unis : on avait reçu des lettres si délicieuses ! A l'instant même, la poste en apportait une de mistress Jonathan Little, dame de Salem, qui résidait alors à New-York. La lettre avait quatre pages, et était remplie de nouvelles. Alors vinrent les détails, et les noms propres s'accumulaient si pressés sur les lèvres de Sarah, rattachés à une foule d'anecdotes plus ou moins scandaleuses, que je m'étonnais en vérité d'une si imperturbable mémoire.

— A propos, capitaine Wallingford, intercala Jane, dans un moment où Sarah avait eu le malheur de respirer... Vous connaissez la pauvre mistress Bradford, n'est-ce pas ?

J'inclinai la tête en signe d'assentiment.

— Je vous l'avais bien dit ! s'écria Sarah prenant sa revanche, la pauvre femme est morte, sans nul doute de ce cancer ! Quelle affreuse maladie, et comme nos informations étaient exactes !

— Ce qu'il y a de plus extraordinaire, c'est son testament, ajouta M. Brigham, qui, comme homme, tenait surtout au positif; vous en avez sans doute entendu parler, capitaine ?

Je me bornai à rappeler que je ne savais pas même que cette dame fût morte.

— Eh bien ! elle a tout laissé au fils de son cousin, le jeune M. Hardinge, reprit Jane ; et la sœur, qui est une si charmante personne, n'a pas un dollar. Voyez un peu comme c'est cruel !

— Ce n'est pas tout, ajouta Sarah, on dit que miss Merton, cette jeune Anglaise qui a fait tant de bruit à New-York... De quel comte disait-on donc qu'elle était la petite-fille, monsieur Brigham ?

La question n'était pas plutôt faite que Sarah s'en repentit : elle allait perdre la parole. Le mari saisit la balle au bond.

— De lord Cumberland, je crois, ou quelque nom semblable; mais peu importe. Ce qui est certain, c'est qu'à que présent le testament de mistress Bradfort est connu, le *général* Mertonp son père, consent à son mariage avec le jeune Mullardinge, lequel déclare qu'il ne donnera pas un dollar à sa sœur.

— L'horreur ! s'écria Jane avec énergie; lui qui aura seize mille dollars de revenu !

— Six mille, ma chère, six mille; c'était exactement le chiffre du revenu de mistress Bradfort. Je le tiens d'un de mes vieux camarades, qui sait toutes les fortunes, à un dollar près; il en fait son état, et ne se trompe pas une fois sur vingt.

— Est-il bien certain que M. Rupert Hardinge hérite de toute la fortune de mistress Bradfort ? demandai-je en faisant un violent effort pour paraître calme.

— Il n'y a pas le moindre doute; tout le monde en parle, et une erreur n'est pas possible; quand il s'agit d'héritage, chacun aime à savoir à quoi s'en tenir. Voilà un jeune homme qu'on va se disputer de tous les côtés. Je parie une paire de gants avec Sarah que nous apprenons son mariage avant trois mois.

Les Brighams me parlèrent encore une heure, et me firent promettre d'aller les voir à leur hôtel; mais le soir même je partis pour Livourne, et j'écrivis un billet d'excuse, pour ne pas être grossier. Je ne croyais pas la moitié de ce qu'ils m'avaient dit; mais pourtant il devait y avoir du vrai dans leurs nouvelles. Il était hors de doute que mistress Bradfort était morte.

Avait-elle été assez aveugle pour donner toute sa fortune à Rupert, au détriment de sa sœur ? La chose était possible ; mais que le frère eût déclaré qu'il ne lui donnerait rien, c'est ce dont, malgré tous ses travers, je le croyais incapable. La chère enfant n'aurait pas réclamé, en tous cas ; je la connaissais trop bien pour cela. Il me tardait d'éclaircir tous ces mystères ; car si elle n'avait plus rien, aussitôt je me mettais sur les rangs.

Quel changement ! Les Hardinges, que j'avais connus si pauvres, presque dans la dépendance de ma famille, soudainement enrichis ! On n'exagérait pas la fortune de mistress Bradford ; elle avait au moins six mille dollars de revenu, sans parler de sa maison, située au milieu de Wal-Street, ce foyer de toutes les opérations de banque et de finance, et qui à elle seule était une fortune. Si Lucie était toujours pauvre, Rupert était riche à présent.

Les relations de famille, cette influence toute magique, avaient déjà établi une ligne de démarcation assez profonde entre nous ; la fortune du frère n'allait-elle pas l'élargir encore ? Et puis, si cet André Drewett allait être désintéressé, s'il persistait à épouser Lucie. J'avais eu la sottise de ne point me déclarer; malgré toute l'ardeur de mon attachement, jamais je n'avais dit un seul mot d'amour; pouvais-je supposer que la chère enfant réserverait son cœur à un pauvre marin qui était toujours par voies et par chemins? J'en vins jusqu'à regretter le bonheur de Rupert. Il se croirait obligé de faire quelque chose pour sa sœur; et chaque dollar qu'il lui donnerait élèverait une nouvelle barrière entre nous.

A dater de ce moment, je brûlai de retourner aux Etats-Unis. Sans les engagements que j'avais pris, je serais parti sur mon lest; mais je pressai tellement l'arrimage que nous pûmes mettre en mer le 15 mai, avec un chargement complet, dont une partie était pour mon propre compte, achetée avec l'argent que j'avais gagné depuis dix mois.

Près du détroit de Gibraltar, *l'Aurore* fut accostée par une frégate anglaise, qui lui apprit la déclaration de guerre entre la France et l'Angleterre, lutte à laquelle devait ensuite prendre part tout le reste de la chrétienté. Néanmoins la frégate nous laissa passer sans difficulté : les abus qui eurent lieu devaient venir plus tard.

Dès que je fus dans l'Atlantique, j'eus soin d'éviter tout ce que je rencontrais, et j'arrivai heureusement à la pointe de Navesink. Une corvette anglaise, qui se tenait dans l'angle formé

par Long-Island et la côte de Jersey, nous donna
la chasse; mais je réussis à lui échapper, et
nous franchîmes la barre, lorsqu'elle n'était plus
qu'à un mille de nous. Je pris un pilote, suivant
l'usage, et je vins mouiller près de Coenties,
l'ancrage favori de Marbre. Il y avait un an jour
pour jour que j'étais revenu au même port à
bord de *la Crisis*.

CHAPITRE IX

Lucie héritière

Je sortais des bureaux de la maison de commerce à laquelle était adressé mon chargement,
et je me dirigeais vers l'hôtel de la Cité, quand
au détour de Wall-Street je tombai inopinément
sur Rupert Hardinge. Il descendait la rue en
grande hâte, et il parut très surpris et même
assez embarrassé de me voir. Néanmoins il n'était
pas homme à se déconcerter aisément, et il me
fit un accueil empressé. Il était en deuil, mais il
était mis néanmoins à la dernière mode.

— Wallingford! s'écria-t-il — c'était la première fois qu'il ne m'appelait pas Miles ; — Wallingford, mon très cher, de quelles nues nous tombez-vous donc ? Il courait tant de bruits divers sur votre compte que votre apparition ici fera autant d'effet qu'en ferait celle de Bonaparte lui-même. Votre bâtiment est arrivé ?

— Vous savez que nous nous quittons peu, répondis-je en prenant la main qu'il m'offrait ; il n'y a guère que la mort ou un naufrage qui pourrait nous séparer.

— C'est ce que j'ai toujours dit à ces dames : « Vous verrez que Wallingford n'épousera jamais que son *Aurore...* » Mais vous avez une mine excellente ; savez-vous que la mer vous va joliment ?

— Je n'ai pas à me plaindre de ma santé ; mais parlez-moi de celle de notre famille, de nos amis !... votre père ?...

— Il est à Clawbonny pour le moment. Vous savez comment il est. Aucun changement de fortune ne l'empêchera jamais de regarder sa bicoque d'église comme une cathédrale, et sa paroisse comme un diocèse. Aujourd'hui qu'il n'a plus besoin de tout cela, je voudrais bien — vous sentez que je ne m'aviserais pas de le lui dire à lui-même — qu'il cessât ses prédications.

— Soit ; mais parlez-moi de vous tous maintenant. Je suis d'une impatience !...

— Oui, la patience n'a jamais été votre fort. Eh bien ! vous savez sans doute que j'ai été reçu au barreau?

— Je n'en doutais pas; votre noviciat maritime a dû vous être d'un grand secours aux examens.

— Allons, ne parlons plus de mes péchés de jeunesse. J'ai du moins le mérite de n'y avoir pas persisté longtemps. Mais de quel côté allez-vous? dit-il en me prenant le bras. Si vous remontez la rue, je ferai quelques pas avec vous... Eh bien ! qu'est-ce que je disais donc?... Ah! qu'on change terriblement en quelques années. Savez-vous bien que tous les goûts, toutes les inclinations de ma première enfance se sont envolées dans les airs? Rien ne reste des premières années. Nos corps, nos traits, toute notre personne subit les plus grands changements ; comment nos sentiments, nos vues, nos affections, nos espérances, resteraient-ils les mêmes ?

— Savez-vous bien, Rupert, que ce que vous dites là n'est pas flatteur pour quelqu'un dont les relations avec vous remontent justement à ces premières années?

— Oh! ce n'est pas là ce que je veux dire, vous le savez bien. L'habitude a aussi son influence; et certes je vous serai toujours aussi attaché que je l'étais dans l'enfance... Mais enfin nous suivons des lignes divergentes, et nous ne saurions rester toujours enfants.

— Et n'avez-vous plus à me parler de personne? demandai-je avec quelque hésitation; car je tremblais d'apprendre que Lucie était mariée... Comment va Grace?

— Oh! Grace, moi qui l'oubliais! j'en suis vraiment honteux, car naturellement c'est par elle que j'aurais dû commencer. Hélas! mon cher capitaine, pour ne vous rien cacher, votre sœur n'est pas aussi bien qu'à votre départ, je le crains du moins; car il y a un siècle que je ne l'ai vue. Elle a passé l'automne avec nous; puis elle a voulu s'en aller pour les fêtes de Noël, parce que, disait-elle, sa famille les avait toujours passées à Clawbonny. Depuis lors elle n'est pas revenue; mais je crains qu'elle ne soit pas bien. Vous savez comme Grace a toujours été une frêle créature; elle est si Américaine! Ah! Wallingford, nos femmes n'ont pas de santé; belles comme des anges, sveltes comme des fées, elles ne peuvent être comparées aux Anglaises pour la santé.

Le feu me monta à la figure, et j'eus toutes les peines du monde à ne point précipiter dans le fossé le misérable qui s'appuyait sur mon bras. Cependant un moment de réflexion me fit sentir la nécessité de la prudence. Après tout, il était le frère de Lucie ; et je n'avais point de preuves qu'il eût jamais donné à Grace lieu de croire qu'il l'aimait. Et puis je devais avant tout éviter de compromettre Grace ; je devais ménager sa sensibilité, en même temps que sa réputation, et je parvins à dissimuler ma colère, quoique j'étouffasse.

— Voilà une nouvelle qui me désole, répondis-je après une longue pause, la vive douleur que j'éprouvais expliquant assez naturellement mon trouble ; Grace est une personne qui a besoin des plus tendres soins et des plus grands ménagements ; et moi qui m'amuse à courir de mers en mers pour gagner quelque argent, quand ma place devrait être à Clawbonny auprès de ma sœur ! Je ne me le pardonnerai jamais !

— L'argent est une très bonne chose, capitaine, répondit Rupert avec un sourire qui me parut en dire plus que sa bouche n'exprimait ; c'est une excellente chose que l'argent ! mais il ne faut pas vous exagérer l'indisposition de Grace, qui sera passagère. J'espère que vos nombreux voyages n'ont pas été infructueux ?

— Et Lucie ? repris-je sans daigner lui répondre ; où est-elle à présent ?

— Miss Hardinge est en ville, dans sa... c'est-à-dire dans *notre* maison de Wall-Street ; mais elle va tous les matins à la campagne ; car il est impossible de rester enfermé au milieu de ces briques brûlantes. Mais j'oubliais : vous ne savez pas le malheur qui nous est arrivé?

— J'ai appris en Italie la mort de mistress Bradfort, et en vous voyant en deuil, j'ai vu que la nouvelle n'était que trop vraie.

— Mon Dieu oui! c'est une excellente femme que nous avons perdue. Elle aurait été ma mère qu'elle n'aurait pas été meilleure pour moi. Sa mort, mon cher Wallingford, a été des plus édifiantes qu'on ait vues à New-York depuis bien des années.

— Et mistress Bradfort vous a nommé son héritier? Il est temps à présent de vous féliciter de votre bonne fortune. Mais Lucie? j'espère qu'elle n'a pas été complètement oubliée?

Rupert balbutia, et je vis clairement qu'il était sur des charbons ardents. Comme je le découvris ensuite, il voulait cacher au monde ce qui en était, et cependant il prévoyait bien que je serais mis au courant par son père. Dans tous les cas, il crut qu'il valait mieux me faire son confident.

— Vous saurez, Miles, dit-il, que mistress Bradfort était une personne assez originale. Excellente personne au fond, j'en conviens, et qui a fait une fin très édifiante; mais dont les singularités égalaient la fortune. Vous savez que les femmes ont souvent les idées les plus bizarres, et les Américaines plus que toutes les autres. Enfin, pour abréger, vous saurez que mistress Bradfort a fait un testament.

— Par lequel, je présume, elle partage également ses biens entre vous et Lucie, au grand mécontentement de miss Merton ?

— Pas tout à fait, Miles, pas tout à fait — c'était une personne si singulière, si capricieuse, que mistress Bradfort ! — Elle a donc fait un testament, et dans ce testament elle laisse tout ce qu'elle possède, jusqu'aux maisons de ville et de campagne, à ma sœur.

Je fus stupéfait ! Toutes mes espérances étaient encore envolées.

— Et qui a-t-elle nommé pour exécuteur testamentaire ? demandai-je après un intervalle de silence, prévoyant ce qui arriverait infailliblement si ces fonctions étaient dévolues à Rupert.

— Mon père. Les affaires ne lui manquent pas, savez-vous bien ? Après les vôtres, viennent celles de mistress Bradfort. Par bonheur, celles-là sont toutes simples. Les maisons sont en bon état, bien situées, louées facilement ; l'argent est placé sur bonnes hypothèques ou en actions. Tout cela constitue un revenu liquide de sept mille bons dollars, toutes dépenses d'entretien ou de réparations payées.

— Et tout cela est à Lucie ! m'écriai-je avec angoisse, comme si je sentais qu'elle était plus que jamais perdue pour moi.

— Pour le moment, sans doute, quoique, voyez-vous, je ne regarde Lucie que comme dépositaire de la moitié. Vous connaissez les femmes : elles regardent tous les jeunes gens comme des prodigues, et voici le raisonnement qu'elles auront fait entre elles : « Rupert est, au fond, un bon garçon ; mais Rupert est jeune, et il laissera couler l'argent entre ses doigts. — Eh bien, Lucie, je vais tout vous donner dans mon testament ; mais, naturellement, vous aurez soin de votre frère, et vous lui donnerez la moitié, ou même les deux tiers, comme il est l'aîné, dès que vous serez majeure, et que vous pourrez agir. » — Vous savez que Lucie n'a que dix-neuf ans et, par conséquent, il y a encore deux ans à attendre.

— Et Lucie connaît ces intentions de sa bienfaitrice ? vous en avez des preuves ?

— Des preuves ! j'en prêterais serment en justice. N'est-ce pas raisonnable ? n'est-ce pas ce que je suis en droit d'attendre ? Et puis, écoutez bien. Entre nous, j'avais deux mille dollars de dettes ; et pourtant la bonne dame ne me laisse pas un dollar pour payer même mes créanciers légitimes. Une femme si pieuse, qui a fait une fin si édifiante, n'aurait jamais agi ainsi, si elle n'avait pas eu des vues ultérieures. Du moment qu'elle regardait Lucie comme dépositaire, tout s'explique.

— Mais Lucie, qu'en dit-elle ?

— Vous connaissez Lucie ; elle n'aime pas les phrases ; elle aime à surprendre les gens, surtout lorsqu'elle songe à leur rendre service. Elle n'a donc pas ouvert la bouche; mais tout indique ses intentions. D'abord, elle a chargé son père de payer mes dettes. Elle eût mieux fait de me donner l'argent pour satisfaire les créanciers ; car j'aurais commencé par les plus pressés. Mais enfin c'est quelque chose d'avoir toutes les quittances dans ma poche et de pouvoir recommencer sur nouveaux frais. Voilà où j'en suis pour le moment. Ah ! j'oubliais encore : elle m'alloue une pension annuelle de quinze cents dollars provisoirement... Vous voyez, Miles, que je n'ai rien de caché pour vous ; je n'ai pas attendu que mon père vous donnât tous ces détails, ce qu'il n'eût pas manqué de faire quand vous serez à Clawbonny ; mais vous sentez bien que je ne vais pas crier cela sur le toit des maisons. La belle mine que je ferais vraiment, si on savait qu'un des jeunes gens le plus à la mode de New-York est dans la dépendance de sa sœur, et d'une sœur qui a trois ans de moins que lui ! Ca serait à me faire montrer au doigt. Aussi n'ai-je confié le fait qu'à quelques intimes. On croit généralement que c'est moi qui hérite et que Lucie n'a rien. Excellent moyen, au surplus, pour écarter les coureurs de dot, comme vous le verrez au premier coup d'œil.

— Et qu'en dit un certain M. André Drewett! demandais-je en affectant un sang-froid que j'étais loin d'éprouver. Il était toute attention quand je suis parti, et je m'attendais presque à ne plus retrouver ici une miss Lucie Hardinge.

— A vous parler franchement, Miles, il me semblait que la chose prenait cette tournure quand est survenue la mort de mistress Bradfort. Le deuil vint très à propos suspendre toute démarche, si on avait l'intention d'en faire. Vous sentez qu'il ne serait pas commode d'avoir un beau-frère, avant que toutes les affaires fussent réglées. Au surplus, je suis content d'André, et il sait que je suis son ami. Il a bon ton, est très bien posé dans le monde, a une jolie petite fortune qui, jointe au tiers de celle de notre défunte cousine, assurerait à ma sœur le même revenu qu'aujourd'hui, et j'ai soin de faire entendre de temps en temps à Lucie qu'elle ne saurait faire un meilleur choix.

— Et comment votre sœur reçoit-elle ces insinuations?

— Oh! fameusement, comme toutes les jeunes filles, vous savez bien. Elle rougit, et quelquefois paraît mécontente ; puis elle se met à rire, fait la moue et dit : — Quelle extravagance ! Taisez-vous donc, Rupert ; vous êtes fou ! — Enfin toutes ces exclamations de convention qui ne trompent personne, pas même son benêt de frère. Mais, mon cher, il faut que je vous quitte, je dois accompagner quelques personnes au spectacle, et j'allais les rejoindre quand je vous ai rencontré.

— Rupert, encore un mot. Ne disiez-vous pas que les Mertons sont encore ici ?

— Les Mertons ? mais sans doute ; ils sont fixés aux Etats-Unis et sont lancés dans le plus grand monde. Le colonel se trouve très bien du climat, et il est parvenu à trouver quelque emploi qui le retient parmi nous. De plus il a des parents à Boston, et je crois qu'il a quelques droits à faire valoir par-là sur je ne sais quel héritage.

— Ainsi donc, mon vieil ami a obtenu aussi de l'avancement ; car je crois vous avoir entendu l'appeler colonel ?

— Croyez-vous ? il me semble qu'on l'appelle général, plus souvent que tout autre chose. Vous avez dû vous tromper, en croyant qu'il n'était que major, Miles ; ici tout le monde l'appelle général ou colonel.

— Je ne demande pas mieux... Adieu, Rupert; je ne vous trahirai pas, et...

— Et quoi?

— Rappelez-moi au souvenir de Lucie; vous savez que nous nous connaissons depuis l'enfance. Dites-lui que je lui souhaite tout le bonheur possible dans sa nouvelle position, et que je tâcherai de la voir, avant de remettre à la voile.

— Est-ce que vous ne viendrez pas ce soir au spectacle?

— Je ne crois pas. Ne m'oubliez pas auprès de votre sœur... adieu.

Nous nous séparâmes; Rupert se dirigea à grands pas vers Broadway, et moi j'errai quelque temps à l'aventure. J'avais envoyé Neb s'informer si, par hasard, *le Wallingford* serait à New-York, et j'appris qu'il devait remettre à la voile le lendemain pour Clawbonny. Je me décidai à profiter de l'occasion; car, sans ajouter une entière confiance aux allégations de Rupert, j'étais inquiet de la santé de ma sœur.

Sans que je m'en aperçusse, mes pas m'avaient conduit sur le quai; j'allai rendre une petite visite à *l'Aurore*, j'échangeai quelques mots avec Marbre, puis je revins à terre au bout d'une demi-heure. Par une sorte d'attraction secrète, je pris le chemin du parc, et bientôt je me trouvai à la porte du théâtre. Je me dis que Lucie n'était plus qu'en demi-deuil, qu'il n'était pas impossible qu'elle fût de la partie dont Rupert avait parlé. Je pris donc un billet, dans l'espoir de la voir, et je montai à l'amphithéâtre des secondes.

Quoique la saison fût si avancée, la salle était pleine à comble. Je n'avais pu trouver place sur le premier rang, de sorte que je ne voyais au-dessous de moi que les loges de côté, et encore imparfaitement. Je jetai un coup d'œil rapide, et j'entrevis bientôt les cheveux bouclés de Rupert; il était assis près d'Emilie Merton; puis venait le major; et auprès du major était une dame, que je supposai être Lucie. Un tremblement convulsif me saisit, dès que je l'aperçus. Je ne voyais que le haut de sa figure, mais un mouvement qu'elle fit en se tournant vers le major me laissa entrevoir ce sourire ouvert, auquel je ne pouvais me tromper : c'était bien elle.

Il restait encore deux places sur le devant de la loge, la première banquette pouvant contenir six personnes. On ouvrit la loge, tout le monde se leva, et je vis entrer André Drewett, donnant le bras à une dame âgée que je sus ensuite être sa mère. Les places avaient été gardées pour eux. La vieille dame serra la main de Lucie avec empressement, mais du moins je n'eus pas le

supplice de voir son fils accomplir la même céré-
monie. Il se contenta de saluer, quoique avec
une intention marquée, et il sut s'arranger pour
se placer à côté d'elle pendant que le major s'occupait de la mère. Ces arrangements étaient
naturels, je devais m'y attendre, et pourtant ils
me firent un mal que je ne saurais exprimer.

Je n'écoutais pas la piéce ; j'étais à méditer sur
ma position, à l'égard de Lucie. Je me rappelais
les jours de notre enfance, les diverses circonstances du départ et du retour, l'incident du médaillon, toutes les émotions si douces que j'avais
éprouvées, et que j'avais crues partagées. Avais-
je pu me tromper à ce point, et l'intérêt que la
chère enfant m'avait témoigné n'était-il que la
conséquence naturelle de son bon cœur, de l'habitude, comme l'insinuait si délicatement Rupert,
pour ce qui le concernait ?

Ensuite je ne pouvais me dissimuler que,
maintenant, Lucie pouvait porter ses prétentions
beaucoup plus haut. Tant qu'elle avait été pauvre, et moi riche, en comparaison, la différence
de fortune compensait celle de position ; mais
maintenant c'était une héritière, à la tête d'une
grande fortune, tandis que je n'étais que dans
l'aisance. Plus je réfléchissais, plus mes chances
me semblaient diminuer, et je me levai pour
quitter le théâtre.

Et cependant, comment partir sans avoir vu au moins la figure de Lucie? l'abnégation ne pouvait aller jusque-là. Je résolus donc de descendre au parterre, d'attacher un long regard sur la chère enfant, et de me retirer ensuite avec un souvenir durable de celle que j'avais tant aimée, et que je sentais que j'aimerais toujours.

Je trouvai une place où, sans être trop en vue moi-même, je pouvais distinguer aisément les six personnes qui occupaient le devant de la loge. Je m'arrêtai peu au major et à mistress Drewett; cette dame avait l'air respectable, et était mise avec assez de recherche. Quant au major, il semblait beaucoup mieux portant, et l'atmosphère de prévenance et de petits soins dans laquelle il vivait à New-York avait évidemment agi sur lui.

Emilie rayonnait de santé et de bonheur; je pouvais voir qu'elle était charmée des propos galants que Rupert lui débitait sans doute, et je ne m'en tourmentais en aucune manière. Miss Merton, en ce moment, avait sans doute oublié qu'il existât un Miles Wallingford au monde.

Mais Lucie, dont je ne parle pas, l'honnête, la confiante, la bien aimée Lucie! Qu'elle me semblait plus belle encore que je ne l'avais jamais vue! Quelle douceur dans son sourire, quelle expression dans son regard, que de grâce dans tous ses mouvements, et comme le demi-deuil lui allait bien ! Et penser qu'elle était perdue pour moi, que nous allions devenir de plus en plus étrangers l'un à l'autre ! A cette idée, je sentais s'évanouir tout mon courage ; le marin, si rude, si endurci par la fatigue, n'avait pas plus de force qu'un enfant ; de grosses larmes roulaient dans mes yeux, et j'eus beaucoup de peine à cacher ma faiblesse à ceux qui m'entouraient. Enfin, la tragédie finit, la toile tomba, et le parterre se dégarnit sensiblement ; moi seul j'étais cloué à à ma place, et il m'était impossible de m'en détacher.

Il était facile de voir le changement qui s'était opéré dans la position de Lucie, aux attentions dont elle était l'objet. Toutes les dames des principales loges échangeaient des sourires ou des signes de tête avec elle, et la moitié des jeunes élégants de la salle se pressaient autour de sa loge, ou entraient familièrement pour lui présenter leurs hommages.

Il me parut que M. André Drewett avait un petit air satisfait qui semblait dire ; c'est à moi que vous faites la cour indirectement en la faisant à cette jeune personne. Quant à Lucie, mon œil jaloux ne peut surprendre le moindre changement dans ses manières, toujours simples, toujours naturelles.

Perdu dans ma contemplation muette, j'oubliais l'univers entier, quand j'entendis une exclamation mal étouffée qui me fit tressaillir. J'étais trop près pour pouvoir me tromper : c'était la voix de Lucie. Je la regardai aussitôt ; ses yeux étaient fixés sur les miens, et elle étendait la main de mon côté avec un empressement charmant. J'avais été reconnu, et la surprise avait produit cette manifestation de l'ancienne amitié qui nous avait unis, avec tout l'abandon et toute la simplicité de nos premières années.

— Miles Wallingford ! me dit-elle dès que je me fus levé pour répondre à ses avances et que je fus assez près pour qu'elle pût me parler sans trop attirer l'attention, vous êtes arrivé, et nous n'en savions rien !

Il était clair que Rupert n'avait point parlé de mon retour et de notre rencontre dans la rue. Il en parut un peu honteux, et s'avança pour dire :

— Comment donc ai-je pu oublier de vous apprendre, Lucie, que j'avais rencontré le capitaine Wallingford, comme j'allais prendre le colonel et miss Merton. Oh ! nous avons causé longtemps ensemble, et je pourrai lui épargner la peine de répéter son histoire.

— Je puis dire néanmoins, ajoutai-je, combien je suis heureux de voir miss Hardinge si bien portante, et de pouvoir présenter mes hommages à mes anciens passagers.

Je serrai la main du major et celle d'Emilie, je saluai Drewett, je fus présenté à sa mère, et invité à venir prendre place dans la loge, attendu qu'il n'était pas très convenable que la conversation se prolongeât de la loge au parterre. J'oubliai mes prudentes résolutions, et trois minutes après j'étais derrière Lucie... André Drewett eut la civilité de m'offrir sa place, bien que ce fût d'un air qui disait assez clairement : « Qu'ai-je à craindre ? c'est un patron de navire ; laissons-le un moment s'amuser ; le pauvre diable sera obligé de repartir au premier jour, et il me laissera la place libre. » Du moins je crus lire ce langage dans l'expression de tous ses traits.

— Merci, monsieur Drewett, dit Lucie du ton le plus doux. Monsieur Wallingford et moi, nous sommes de vieux amis. Vous savez qu'il est le frère de Grace — Drewet inclina la tête d'une manière assez convenable — et j'ai mille choses à lui dire. Ainsi donc, Miles, venez vous mettre là, et racontez-moi tout votre voyage.

Comme la moitié des spectateurs étaient partis après la tragédie, le second rang de la loge était vide, et nos messieurs y passèrent pour étendre librement leurs jambes, de sorte que j'eus la place libre pour m'asseoir à côté de Lucie. Comme elle insista pour entendre, avant tout, mon histoire, je fus obligé de la satisfaire.

— A propos, major Merton, dis-je, dès que j'eus terminé mon récit, une de vos vieilles connaissances, Moïse Marbre pour le nommer, est revenu à la vie, et il est en ce moment à New-York.

Je racontai alors la manière dont j'avais rencontré mon vieux lieutenant. J'avais eus là une bien malheureuse idée ; car le major profita de cette occasion pour se mêler à la conversation, et comme l'orchestre commençait l'ouverture de la seconde pièce, il m'emmena dans le corridor pour avoir plus de détails. J'étais au supplice ; et Lucie paraissait contrariée de son côté ; mais il n'y avait pas moyen de s'en défendre, et la seule consolation, c'est que nous n'aurions pu continuer à causer, une fois le rideau levé.

— Vous vous souciez peu sans doute de la petite pièce par laquelle on termine, dit le major après que j'eus raconté les aventures de Marbre ; voulez-vous rester ici jusqu'à ce qu'on sorte ? Nous causerons un peu.

Il fallait bien y consentir, et nous nous promenâmes dans le corridor jusqu'à la fin de l'acte. Le major fut très aimable ; il semblait n'avoir pas oublié les nombreuses obligations qu'il m'avait. Il se mit à me communiquer quelques détails qui avaient trait à sa position actuelle, et il me fit entendre qu'il était probable qu'il passerait quelques années aux Etats-Unis. Tout en marchant, je jetais un regard vers la loge toutes les fois que nous passions devant.

— Eh bien ! me dit tout à coup mon compagnon, vos anciens amis les Hardinges ont eu une bonne aubaine, et j'ose dire qu'ils s'y attendaient peu il y a quelques années.

— Sans doute, répondis-je ; quoique la fortune soit tombée en excellentes mains, je suis néanmoins surpris que mistress Bradfort n'ait pas laissé les biens au vieux ministre, puisqu'ils avaient appartenu à leur grand-père commun, et qu'il était le plus proche héritier.

— Elle s'est dit sans doute que l'excellent homme ne saurait qu'en faire. Rupert Hardinge, au contraire, est actif, spirituel, en passe de briller dans le monde ; et la fortune sera mieux placée dans ses mains que dans celles du bon vieillard.

— Le bon vieillard a été pour moi l'intendant le plus zélé, et il eût été le même pour ses enfants. Mais est-ce que Rupert hérite de la totalité de la fortune ?

— Je crois que non ; il doit y avoir quelques dispositions particulières, à ce que je lui ai entendu dire. Je ne sais si sa sœur n'a pas un petit legs, ou bien si la fortune n'est pas reversible sur sa tête, dans le cas où Rupert mourrait sans enfants. Croiriez-vous bien que le bruit avait couru que mistress Bradford avait tout laissé à Lucie? Comme on fait des histoires, cependant! moi qui sais de source certaine qu'il n'en est rien... Enfin, je sais qu'il y a un article qui la concerne, quoique de peu d'importance, et les dispositions faites en sa faveur sont sans doute soumises à la condition qu'elle se mariera avec le consentement de son frère. La vieille dame était pleine de bon sens, et elle a fait sans doute ce qui était nécessaire.

Le major était évidemment la dupe de Rupert, quoique je ne visse pas ce que celui-ci pouvait espérer de tout ce manège. Il ne m'appartenait pas de le détromper; mais je n'étais pas à mon aise, et je ne fus pas fâché d'entendre dans la salle un mouvement qui annonçait la fin de l'acte. Je courus à la porte de la loge, et, à mon grand regret, je vis sortir mistress Drewett; ces dames trouvaient la petite pièce si insipide, qu'elles n'avaient pas la patience d'en entendre davantage. Rupert me jeta un coup d'œil inquiet, et il me prit même à l'écart pour me dire à l'oreille:

— Miles, ce que je vous ai dit ce soir est tout à fait confidentiel: c'est un secret de famille.

— Je n'ai pas à me mêler de vos affaires particulières, Rupert ; permettez-moi seulement d'espérer que vous agirez loyalement, surtout lorsqu'il s'agit d'une sœur.

— Soyez tranquille ; tout s'arrangera à merveille. Vous savez ce que je vous ai dit.

Je vis Lucie qui regardait autour d'elle d'un air inquiet, pendant que Drewett était allé faire avancer les voitures, et je me berçai de l'espoir que c'était pour me chercher. En un moment, j'étais à côté d'elle ; mais presque aussitôt M. Drewett vint lui offrir son bras, en disant que sa voiture barrait le passage. Nous sortîmes tous ensemble, et alors il se trouva que c'était la voiture de mistress Drewett qui était en tête ; celle de Lucie était derrière.

Oui, celle de Lucie ! la chère fille était entrée en possession de tout ce qui avait appartenu à sa parente, de l'équipage et des chevaux comme du reste. Les armes de la défunte étaient toujours sur la voiture, Rupert n'ayant jamais pu obtenir qu'elle y substituât celles des Hardinge. Mais il s'en vengeait en répétant partout combien c'était généreux à lui de donner une voiture à sa sœur.

Le major conduisit mistress Drewett à sa voiture, et son fils fut obligé de nous quitter pour monter à côté d'elle. Cette circonstance me pro-

cura une minute de bienheureux tête-à-tête avec
Lucie. Elle me parla de Grace, me dit qu'il y
avait des mois qu'elle ne l'avait vue, ce qui ne
lui était jamais arrivé auparavant ; que toutes
ses instances n'avaient jamais pu la décider à
rester auprès d'elle, tandis qu'elle-même n'avait
jamais pu trouver moyen d'aller à Clawbonny,
Rupert prétendant que sa présence était indis-
pensable pour terminer une foule d'affaires.

— Grace n'est pas aussi humble que je l'étais
autrefois, dit la chère enfant en me regardant
en face d'un air de reproche, et j'espère bien que
vous n'imiterez pas son mauvais exemple. Elle
veut me faire entendre qu'elle a un chez soi ; et
moi, quand je n'en avais pas, que vous étiez
riche, et que j'étais pauvre, est-ce que je rougis-
sais de rester chez vous ?

— Merci, Lucie, merci ! lui dis-je tout bas, en
lui serrant vivement la main ; mais ce ne peut
être cela. Avez-vous entendu parler de la santé
de Grace ?

— Oh ! elle se porte bien, je le sais. Rupert
me l'a dit, et les lettres de cette bonne amie sont
aussi tendres, aussi gaies que jamais, sans le
plus petit mot de plainte. Mais il faut absolument que je la voie bientôt. Grace et Lucie ne
sont pas nées pour vivre séparées... Voici la
voiture... Vous viendrez me voir demain matin,

n'est-ce pas, Miles? Nous déjeunons à huit heures précises.

— Je ne le puis. Je pars demain pour Clawbonny au commencement de la marée, qui est à quatre heures. Je vais coucher à bord du sloop.

Le major Merton mit Lucie en voiture; les adieux furent échangés, et je restai debout sous le vestibule à la regarder partir pendant que Rupert s'éloignait rapidement.

FIN DU TOME PREMIER

Imprimerie du « PETIT TROYEN » G. ARBOUIN 126, rue Thiers — Troyes

COLLECTION A.-L. GUYOT
(Catalogue — Série X, Y)

Série X. — Théâtre

MOLIÈRE (Œuvres complètes)

Série Y. — Poésies

LE GÉNÉRAL LAZARE CARNOT

Don Quichotte, poème héroï-comique et poésies. 1 vol.